写给中国儿童的名

科学战士 富兰克林

张芳◎主编

东北师范大学出版社
NORTHEAST NORMAL UNIVERSITY PRESS

写给中国儿童的名人传记故事

前言

名人故事是名人一生经历的总结，可以点燃孩子心中的激情与梦想。许多伟大的历史人物在青少年时期，就把名人作为自己的榜样，并从他们的人生经历中汲取营养，借鉴经验，并确定自己的人生目标，汲取动力。孩子在阅读名人故事的过程中，可以从名人身上吸取成功的经验，学习他们为获得成功养成的良好品质，以及面对困难时的积极、乐观的态度，以及刻苦努力、坚持不懈的精神，从而让自己在成功路上少走弯路。

为此，我们特邀众多国内权威教育专家与一线教育工作者一起编写了这套“写给中国儿童的名人励志故事”丛书。这套书精选了爱因斯坦、牛顿、贝多芬、居里夫人、富兰克林、爱迪生、霍金、诺贝尔、乔布斯和比尔·盖茨共十位极具代表性的国外名人，用生动、优美的语言详略得当地讲述了他们奋斗的一生。霍金虽身患重病但依然坚持科学研究，贝多芬不向命运低头，比

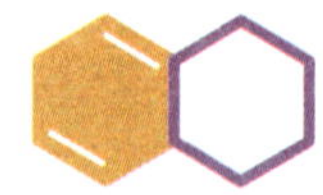

尔·盖茨用软件改变世界……孩子在这些名人故事中可以领略到不同行业的风景，获得人生智慧，感受名人魅力。

这套书不是简单地堆砌名人材料，而是选取他们人生经历中富有代表性或趣味性的故事，以点带面，从而折射出他们丰富多彩、不拘一格的个性和波澜壮阔、充满传奇的人生。另外，我们在每个章节后面，都设置了一个“成长加油站”，将名人故事与孩子成长过程结合起来，从而使孩子收获成长的养分；而“延伸思考”版块则根据章节内容，向读者提问一到两个问题，引导孩子深入思考，获得启发。

希望在这些名人的陪伴下，我们的小读者能够茁壮、健康地成长，成为对国家和社会有益的人！

目 录

第一章　良好的家庭教育

在18世纪的北美洲大陆的东海岸，有一个名叫波士顿的小城。这是一个商业、工业、农业都比较发达的城镇，因此相对于周围其他地区来说，这里显得异常热闹，每天都是一派生机勃勃的景象。

在波士顿城里，生活着富兰克林一家。老富兰克林本来不是本地人，他是从英国乘船来到北美洲大陆的。当初，他曾是英国乡村的一个油漆工，后来因为这一行挣的钱不多，家里的孩子又太多，以至于连维持基本生活都成了问题。为此，他开始计划着另谋出路。

一天，老富兰克林听朋友说很多人都跑到北美洲大陆赚钱去了，那里是一片新天地，到处都是财富。只要踏实肯干，就一定能在那里过上幸福美满的生活。朋友的这番话让老富兰克林心动了，他想与其在英

往来于英国和美洲大陆间的帆船

国本土干任何一行都那么不容易，不如到北美洲去算了，就算情况再差，也总好过在英国饿肚子。

于是，在1683年的一天，老富兰克林带着妻子和儿女，登上了前往北美洲的轮船。经过在海上一段时间的颠簸，他们终于横渡太平洋，来到了北美洲的波士顿。

确实，如同朋友说的一样，这里到处都是一片生机盎然的景象，人们热爱生活，每个人都很努力地工作。这里的人们生活质量很好，一点儿也不比英国本土的大城市差。正因如此，人们对日用品的需求非常大。在这里，制造肥皂、蜡烛这些家庭日用品是很赚钱的。就这样，老富兰克林也开始以此为业，没过多长时间，家里的生活条件就得到了改善。

老富兰克林非常喜欢孩子，觉得孩子是这个世界赐给自己最好的礼物。来到波士顿后，他逐渐积攒了一些钱，于是和妻子打算再生几个孩子。

1706年1月17日，老富兰克林的又一个孩子诞生了。这个孩子对老富兰克林来说具有很大的意义，他觉得自己的岁数已经很大了，就决定以后不再生孩子了。幸好他没有在生完上一个孩子时做出这个决定，不然会对未来的美国造成重大损失的。

望着怀里还没睁开眼睛的婴儿，老富兰克林幸福地笑了。“该给他起个什么名字呢？”老富兰克林自言自语地说。他一边思考，一边走来走去。

“就叫他本杰明·富兰克林吧！”老富兰克林说道。他

在嘴里念了好几遍，越来越觉得这名字好，自己的孩子以后肯定会幸福的。

至此，老富兰克林已经生了多达17个孩子！难怪周围的邻居都说他家每天都像集市一样热闹。

几天后，小富兰克林睁开了眼睛。因为白天老富兰克林要出去工作，母亲的身体又很虚弱，照顾小富兰克林的任务就落到了哥哥姐姐们身上。

哥哥姐姐们对小富兰克林的照顾真是无微不至，就像妈妈从前照顾他们那般仔细认真，生怕出一点儿差错。正因如此，小富兰克林很少哭泣，每天总是对大家露出稚嫩的笑脸，茁壮成长着。

转眼间，两年过去了，小富兰克林已经可以在屋子里到处跑了。他一会儿动动这儿，一会儿摸摸那儿，似乎对一切都充满了好奇。不过，家人们发现最吸引小富兰克林的竟然是书，他虽然还看不懂里面的内容，但却总是喜欢拿着书翻来翻去。要知道，他家这么多孩子中，之前从没有过像他这么爱翻书的。

除了书以外，小富兰克林还经常玩哥哥姐姐们的笔。他用小手握着笔在纸上画来画去，一边画一边笑。尽管大家看不出他画的到底是什么，但是都猜他将来必定会成为一个有文化的人。

小富兰克林长到四岁时，家人们就开始教他认识一些简单的字。他学得很快，不仅会认，还会写。一天，家人们都各自忙着手里的事情，没时间照看他。他丝毫都没有感到无聊，拿起笔就在一张纸上写了起来。等到家人发现的时候，纸上已经密密麻麻地写满了字，都是他之前学过的东西。

“哦，我的天！这孩子这么小就知道复习知识了！简直让人难以置信！”母亲惊讶地说道。其他家人也一脸惊讶地盯着小富兰克林看，还不停地在他头上摸来摸去。

“这小脑袋瓜里都装了什么啊？”他的一个哥哥问道。

“别管装了什么，总之这孩子很不一般，现在就这么勤奋，这么认真，将来一定会有出息的。”母亲说道。大家听了这句话，都纷纷点头，表示赞同。

从那以后，家人们从外面找来了不少书籍，开始将里面的小故事、小知识讲给小富兰克林听。日子久了，他已经对此形成了条件反射，只要家人一喊：“本杰明，快来学习。”他就会立即停下自己正在做的事情，跑过去认真听家人给他讲解。

小富兰克林每次都会很认真地听家人讲完，一边听一边想，有时还会提出一些问题。尽管在大人们眼中，这些问题显得很幼稚，甚至可笑，但这毕竟是孩子对知识向往最直接的体现。因此，无论他提的问题有多么离谱，家人们都会耐心地帮他解答。

今日的波士顿

毫无疑问，这种家庭教育方式是非常成功的。小富兰克林六岁时，就学会了很多东西。而大多数和他年龄差不多的孩子这时还只知道到处玩呢。

别看小富兰克林年纪不大，往那儿一站，身上就自然而然地散发出一种“学者”的气质。他成了人们眼中的小大人，可以和大人们进行一些较为复杂的交流。周围的邻居们都很喜欢他，并让自己的孩子以他为榜样，多向他学习。

当时，波士顿的文艺气氛非常浓烈，人们都热衷于参加各种表演活动，富兰克林一家自然也不例外。一天晚上，在回家路上，老富兰克林看到一群人聚在一间离他家不远的屋子里。屋子虽然不大，但里面欢乐的气氛深深感染着老富兰克林。他忍不住走了进去，发现里面正举办着一个小型的音乐会。有的人拿着乐器演奏，有的人站在中间引吭高歌。歌声是那么悠扬，听得人满心陶醉。

这时，老富兰克林发现，自己的好几个儿女也在这里，他们正跟着唱歌。突然，一个小小的身影从大人们腿边闪了出来，跟着音乐不停地晃动着身子，像是在表演着舞蹈。“这不是本杰明吗？”老富兰克林有些惊讶地说，没想到自己只有六岁的小儿子也喜爱文艺表演。

原来，由于白天总是不在家，老富兰克林没有发现小儿子的这个兴趣爱好。其实，小富兰克林没事就会在家里跳一阵，有时还会拿根小木棒去敲打锅盆。仔细一听，他敲得还挺有节奏的呢！每当这时，哥哥姐姐们就会过来陪他一起

“演奏”。顿时，屋子里就变成了一片打击乐的海洋。

小富兰克林不仅对知识充满向往，学习态度很端正，还多才多艺。可以说，他以后的成功与良好的家庭教育有着分不开的联系。

成长加油站

儿童阶段是人一生当中最宝贵的一段时光，也是接受启蒙、打开学习大门的重要时期。小富兰克林有着与生俱来的聪明和勤奋，家人因材施教，让他在这期间接受了良好的教育，为他今后的成功打下了坚实的基础。

小朋友们，你们也处在这段重要的时期内，不妨像小富兰克林那样，多多丰富自己的知识，培养自己的兴趣爱好，相信这些必然可以成为你们成长的助推器。

1. 家人最初是如何发现小富兰克林与众不同的？

2. 在小富兰克林的成长过程中，哥哥姐姐们扮演了什么样的角色？

第二章　受人欢迎的小学生

1714年，八岁的小富兰克林到了上学的年龄，父亲把他送到了波士顿郊外的一所小学上学。

来到学校第一天，小富兰克林就深深爱上了这里，这里的每个孩子都很开心。他渴望和其他孩子成为好朋友，就主动作了自我介绍。听了他的介绍，孩子们有些迷糊，之前从没遇到过刚入学就主动打招呼的孩子，气氛顿时有些尴尬。

这时，小富兰克林也察觉到了自己的冒失，不过，他稍稍定了定神，对大家说："你们肯定比我大，不过那又有什么关系呢？我们照样可以成为好朋友的！"听了这番话，大家都高兴地笑了，热情地和他聊了起来。

起初，老富兰克林还担心儿子突然换了一个生活环境会不习惯，因此特意留在学校外面观察了好一阵。事实证明，他的担心完全是多余的，小富兰克林那外向的性格、丰富的知识和才艺让他到哪儿都很吃得开，很快就和同学们打成一片，受到了大家的欢迎。见儿子来到这里后比以前更快乐了，老富兰克林的脸上露出了欣慰的笑容。

小朋友们带小富兰克林熟悉校园，将他带到了一年级教室门口。“这里就是你以后上课的地方，一定要记住了啊，可千万别弄错，跑到其他年级的屋子里去。”一个孩子提醒着他。他往教室里看了看，发现里面已经有很多孩子坐在椅子上了。

“嗯，我记住了。那什么是上课？和平时做的事情有什么不同？”刚刚入学的小富兰克林问道。

“哦，上课就是坐在这里，听老师讲知识，把它记在脑子里。老师提问的时候，你要能回答出来，不然会惹老师生气的！”

“嘿！原来是这样！上课就是学习啊，我太喜欢这个了！”小富兰克林理解得很快，听说上课可以学到知识，就笑得合不拢嘴。

“喂，不过你也别光顾着学习，记得下课时找我们来玩啊！”其中一个孩子担心小富兰克林只知道埋头苦学，而忽略了刚刚结下的友情。

“放心吧，我们是好朋友，我怎么会忘了你们呢！”

一会儿，铃声响了，一位中年男老师走了进来。只见这位老师的胡子和头发连在了一起，让人分不清它们的界线在哪里。他戴着一副眼镜，穿着很整洁，一看就很有学问。

“同学们好，我是你们的老师约翰，今后将会教你们

算术。”老师开始自我介绍，他说话的语气很温和，显得和蔼可亲，让小富兰克林实在想象不出他发脾气时的模样。

之后，同学们也纷纷站起来介绍自己。不过，他们大都只是说说自己叫什么名字，就坐下了。轮到小富兰克林时，只见他不慌不忙地站起身，介绍完自己的姓名后，又说了自己的兴趣爱好，还说愿意和大家成为好朋友。

大家听着他的自我介绍，都感到很惊讶，特别是讲台上的约翰老师。要知道，他做一年级老师已经很多年了，还从没遇到过像小富兰克林这样外向、善于表达的学生。尽管他刚刚来到这里，对这里还不熟悉，但这些都没能阻止他表现自己，给大家留下美好的印象。

听完小富兰克林的自我介绍，大家都不由自主地喜欢上了他，打心眼儿里愿意和他亲近。通过这番发言，约翰老师觉得眼前这个孩子很不一般，以后肯定会成为一个有出息的人。从这时开始，一种尽可能多地把知识教给小富兰克林的想法在约翰老师心中产生了萌芽。

不久后，班里的同学们都成了小富兰克林的朋友，他们上课时一起听讲、讨论问题，下课时一起高兴地玩耍，每天过得都很快乐。

来到小学后，小富兰克林对这里的一切都很好奇。在入学第一天他就交到了好几位朋友，并让老师对他另眼相看，这些都与他开朗的性格密不可分。

小朋友，在与朋友们相处的时候，你也要尽量开朗一些，用心去和朋友们沟通，像小富兰克林一样，成为一个人见人爱的孩子。

延伸思考

1. 小富兰克林是如何化解与高年级同学之间产生的尴尬局面的？

2. 学校中的哪些事物吸引着小富兰克林？

第三章　丰富多彩的小学生活

自从入学以后，小富兰克林就变得比从前更快乐了。这时的他不仅可以与在学校认识的朋友一起学习、思考、玩耍，还可以与自己的老朋友们共同进步。他还将他们介绍给高年级的同学认识，大家相处得非常不错。

虽说自己做了一件好事，可这也带给了小富兰克林一些小小的“烦恼”。因为每天很早的时候，邻居家的孩子们就来喊小富兰克林去上学。他们比小富兰克林还积极呢，搞得他想在床上多睡一会儿也不行。

小富兰克林经常会带几本课外书到学校去，在下课时和大家一起看。这些书里有很多科学小知识，让同学们大开眼界。毕竟在目前的小学阶段，他们在课堂上还接触不到更深奥的科学知识。

一天，上完算术课，小富兰克林像往常一样与同学们围成一堆，看着一本名叫《自然之旅》的书。书里的内容非常丰富，还有很多科学实验。大家发现，并不是所有实验做起来都很麻烦，有一些非常简单的实验随手就可以做。

“嘿，我们为什么不动手做做这些有意思的小实验呢？”小富兰克林提议。听了这句话，同学们的兴趣都被提起来了。

小富兰克林接着说：“我认为这本书里介绍的用来验证物体下落的速度和重量无关的实验做起来就很容易，只需要同时往楼下扔一个轻东西和一个重东西就可以了。我们就先做这个实验吧！”

“好啊！好啊！”大家纷纷表示同意。

接着，大家就找来了一个石块和一个纸团。小富兰克林拿着它们跑到了二楼的窗口边，其他同学在楼下观看。

“注意，我要松手让它们落下去了。”说罢，只见他一松手，石块和纸团一同落了下去。正如书中所说，它们同时落到了地上，在场的每个人都目睹了整个过程。

“哇，真是神奇啊！我以前还总是觉得越重的东西落下的速度越快呢，没想到事实竟然是这样的！”一个同学说。

“是啊，这真让人感到不可思议。做实验真是让人大开眼界啊！”

在小富兰克林的带领下，同学们都爱上了做实验。不久后，学校里的老师们知道了这件事，觉得这非常有助于孩子们了解大自然，也都很支持大家。他们特意找来一些实验器材和大家一起做实验。这么一来，一些以前孩子们没办法做的实验也都完整地呈现在了大家的眼前，每个人都从中学到

了很多课本上学不到的知识。

做实验带给小富兰克林的不仅是知识，还有快乐。每当成功完成一次实验时，他都会非常兴奋，有时甚至会高兴得跳起来。在不断的实验中，他与同学们之间建立起的友谊也越来越深了。大家相互配合，各有分工，完成了很多比较复杂的实验。

当然，除了做实验以外，小富兰克林还经常和大家一起做手工，玩游戏。一天，好朋友克里斯的课桌坏了，总是来回晃动，在上面写字很困难。小富兰克林看到后，就对克里斯说："我来帮你修修这张桌子吧！"

克里斯有些诧异，问道："本杰明，你还会修桌子呢？"

"其实这并不是很难，你看，这张桌子的桌腿处不是很牢固，少了一根钉子。要是把钉子钉上去，它就不会晃来晃去的了。"

"嗯，看来是这样的。不过我们要到哪儿去弄钉子呢？"

"别担心，学校的仓库旁不是堆放着很多坏掉的桌椅吗？我们从那上面拆根钉子不就行了吗？"

"嘿，这真是个好主意！本杰明，真有你的！"克里斯夸赞着小富兰克林。之后，两人高高兴兴地来到了仓库旁，这里堆着很多坏桌子。

小富兰克林握着一条破桌子的桌腿，用力一拉，桌腿就掉了下来。他又将桌腿在地上磕了磕，将那根只有一少部分嵌在桌腿上的钉子磕了下来。

“看，钉子已经有了！”小富兰克林拿着钉子，得意地对克里斯说。克里斯非常高兴，可只过了一会儿，他又开始愁眉不展了，说道：“钉子是有了，可我们没有锤子，怎么把它钉到桌子里呢？”

“这很好办啊，我们找块石头，用它把钉子砸进去不就行了吗？”听了这句话，克里斯恍然大悟，高兴地说：“本杰明，你的头脑可真灵活啊！我真比不过你！”

小富兰克林却说：“你也是很聪明的，我们一起做了那么多小实验，你每次都做得很好，怎么会比我差呢！我不过是平时观察的东西多一点儿罢了。”

两人高兴地往回走，在路上捡了一块石头。回到教室里，他俩就把桌子搬了出来。小富兰克林找好了位置，将钉子抵在桌腿上，之后开始用石头砸钉子帽。只砸了几下，钉子就进去了半根，桌腿也渐渐变得牢固起来。

眼见自己的办法产生了立竿见影的效果，小富兰克林心里非常高兴，又接着砸了好几下，最终将整根钉子都砸了进去。再看这时的课桌，嘿，稳稳当当！克里斯十分感谢他，两人的关系也比从前更亲密了。

没过多久，这件事就传遍了整个学校，大家都夸小富兰

克林不仅乐于助人，而且心灵手巧。为此，学校还专门发了一个通知，号召大家都向他学习。听说自己被学校当成学习的榜样，他觉得有些不好意思，别人热情地和他打招呼时，他总是谦虚、腼腆、友善地做出回应。

同学们也发现了小富兰克林变得斯文了，相对来说，大家还是更喜欢从前那个开朗、热情、外向的他，于是就纷纷来劝导他，让他放开一些。

一天，克里斯对他说："本杰明，得到学校的表扬，你应该高兴才对啊，为什么变得比以前腼腆了许多呢？"

小富兰克林说："家里人对我说过，不要取得一点儿成绩就骄傲自大。我是怕别人说我骄傲才这样的。我好不容易在学校里交了这么多朋友，怎么能给他们留下不好的印象呢？所以我就表现得很谦虚，一点儿也不张扬。其实，让我变回以前的样子也很简单，只要别夸赞我就好了。"

听了这番话，克里斯很受触动，没想到自己这位朋友竟然拥有如此高尚的品格。"本杰明，你做得对。老师以前也给我们讲过这个道理，我怎么就没去认真理解呢！今天我算是明白了。"

之后，克里斯把小富兰克林的话告诉了大家，大家听后也都很赞赏他。从这以后，当着他的面，大家就不夸赞他了。果然，没过多久，那个开朗、热情、外向的小富兰克林又回来了。

成长加油站

在学校里，小富兰克林非常受欢迎，他不仅为同学们带来了丰富的课外知识，还带领大家一起做实验，让大家可以更好地理解、消化知识。另外，小富兰克林还乐于助人，并且在得到表扬后懂得谦虚低调，毫不张扬。

小朋友，如果你也想成为受大家欢迎的孩子，就要尽可能多地去为大家带来欢乐，并且也要具有乐于助人，谦虚内敛的品格。如果你做到了这些，相信你就会成为现实中的“小富兰克林”。

1. 在帮助同学们理解知识方面，做实验起到了怎样的作用？

2. 小富兰克林为什么可以快速找到修复桌子的办法？

第四章　被迫退学

进入小学两年来，小富兰克林得到了老师和同学们的一致肯定。他在学校里人缘很好，人见人爱。然而，就在这个时候，父亲的一个决定让他的生活发生了翻天覆地的变化。

那是1716年的一天，10岁的小富兰克林刚放学回到家里，就被父亲老富兰克林叫了过去。此时的父亲看起来与平时不太一样，他好像有什么心事不能开口说出来。

“父亲，您有什么事啊？”小富兰克林问道。父亲不知该如何向自己的儿子开口。原来，他家的蜡烛、肥皂产量最近减少了，这导致收入大不如前。家里有好多口人需要吃饭，这样下去怎么行呢？他本来想让小富兰克林的哥哥姐姐们回家来帮忙，可他们也有自己的事要做，抽不开身。无奈之下，他只好让小富兰克林帮自己加工蜡烛和肥皂，这样家里的状况就能得到缓解。

可是，话到嘴边，老富兰克林又没法理直气壮地开口对儿子讲，因为他知道自己的儿子很优秀，非常好学，在学校里很受欢迎，这时让他退学他肯定难以接受。

见父亲吞吞吐吐的，小富兰克林心里更疑惑了，问道：

“父亲，到底是什么事？您就说出来吧。”见事已至此，老富兰克林只好咬咬牙，对儿子说：“儿子，咱们家现在快没钱了，你还是不要再上学了，在家帮我做做蜡烛、肥皂好吗？”

听了这番话，小富兰克林心里一惊。离开学校？退学？他简直不敢相信自己的耳朵。“您再说一遍，我没听清。”他想要再确认一次。

“儿子，你还是别去上学了，在家帮我干活吧，这样家里的情况就会慢慢好起来。爸爸知道你舍不得离开学校，因为没有任何别的办法，我不得不作出这个决定。”老富兰克林说这番话时，声音有些颤抖。显然，他希望儿子答应自己的请求。

从父亲话里得到确认后，小富兰克林愣住了。接下来，他一直保持着沉默，不肯说一句话，这与他平时的外向性格形成了鲜明的对比。

父亲知道儿子还需要一段时间来接受这个结果，就没有再继续说什么，离开了屋子。

此时，小富兰克林脑海里浮现出的都是平日在学校里和大家一起快乐学习的画面，没想到白天还和他们一起学习和玩耍，晚上回到家就要开始考虑与他们分开的事情了。这怎能不让人痛心呢？

想着想着，小富兰克林的眼角就变得湿润了起来。到了吃饭的时候，家人好几次来叫他，他也没去吃。他只想自己一个人闷在屋子里，回想这两年来在学校里的点点滴滴。这一夜，他躺在床上，试图通过睡眠来暂时忘掉心中的烦恼，然而，只要他一闭上眼睛，往日的一幕幕就会浮现在眼前，

搅得他心神不宁，怎么也睡不着。

第二天一大早，一夜没睡的小富兰克林拖着疲惫的身体来到了父亲身边，对父亲说："我想通了，今天就去学校办退学手续吧！"

听了这话，老富兰克林显得有些吃惊。他原以为儿子得花上一段时间来调整心态，没想到一夜时间就想通了。尽管他仍然有些担心儿子，但还是马上到学校去给儿子办了退学手续。

成长加油站

对于小富兰克林来说，学校是最能带给他快乐的地方。两年里，他不仅在学校里学到了很多知识，还交了一大堆朋友。离开学校对他来说是一件非常难以接受的事情，但是为了帮家里渡过难关，他也只好接受了父亲让他退学的建议。

小朋友，在我们的一生中，经常会遇到需要我们作出违背自己意愿的一些选择，这时我们不仅要冷静下来，还要分清轻重主次，这样才能作出正确的选择。

延伸思考

1. 父亲为什么要小富兰克林退学？

2. 小富兰克林为什么同意退学呢？

第五章　小小学徒工

退学后，小富兰克林马上就开始在家帮父亲干活了。由于他之前从来没动手做过蜡烛和肥皂，所以必须从做一个小学徒工开始，跟着父亲一步一步地学习。

相对于在学校思考各种问题，制作蜡烛和肥皂只需要按部就班地做好每一步需要做的事情就可以了，不需要动太多脑子。父亲决定先教小富兰克林学习加工蜡烛，因为相对于肥皂，蜡烛要容易加工得多。

那时，父亲从外面购入了很多散装蜡块，这些蜡块需要先融化成蜡油，再倒入模具里加上蜡芯冷却即可。聪明的小富兰克林只练习了两个小时，就可以很熟练地加工出蜡烛了。

起初，小富兰克林为自己掌握了一门新技术而感到高兴，但没过多长时间，他就觉得每天重复做这一件事情实在是太枯燥、太无聊了。这时，他又想起了以前在学校里的时光，那时每天都有新鲜事发生，每天都有新知识学习。想到这里，他就有些后悔退学了。

“唉，都已经退学了，难道还能回去吗？还是干活吧！”小富兰克林叹了一口气，继续机械性地重复着手里的动作。

一段时间后，父亲见他的蜡烛已经加工得有模有样了，就开始教他加工肥皂。和蜡烛比起来，肥皂可就没那么容易加工了，不仅费时费力，还得掌握好各个环节。总之，需要注意的事情很多。不过，一听说可以学新东西了，小富兰克林就显得异常兴奋。

父亲首先找来一些猪油和木灰，又找来一些盐，对小富兰克林说：“看到了吗？这些就是制作肥皂的原料，缺一不可。”说着，他开始给儿子演示起了具体的制作方法。只见他首先将木灰和猪油倒进一个透明的盆子里，把它们搅拌均匀，让两者充分混合，之后盖上盖子，点火加热。小富兰克林看得非常认真，心里也记着父亲每一步的动作。

“接下来就得耐心等待一段时间了，像今天这么多原料，大概需要两个小时的时间。”父亲说道，“在这两个小时里，我们是不能离开这里的，要随时观察盆子里的变化。要是反应太剧烈的话，就要减少一些柴火，让它缓和一些，就像现在这样。”

小富兰克林牢牢记住了父亲说的每一句话，之后耐心地跟父亲一起守在盆子边，注意着里面的变化。

过了一会儿，因为盖着盖子，盆子里积聚了足够的热量，猪油和木灰的混合物沸腾了起来。这时，父亲说道："看到了吧，现在这里面的反应就很剧烈了，我们要减小点儿火。"小富兰克林点了点头。

"当然，在等待的时间里，我们除了观察火候外，还可以把盐水配好，等会儿会用到的。"父亲说。于是，他就在另一个盆子里倒入很多水，之后往里面加盐。等盐加到不能继续溶解时，他才停了下来。

"记住，盐水一定要足够浓，就像这样子。"父亲特意叮嘱道。

尽管小富兰克林现在还不知道眼前这盆盐水是干什么用的，但他还是默默地把父亲的话记在了心里。

随着时间一分一秒地过去，盆子里的反应渐渐缓和下来。两小时后，反应刚好停止。父亲的预测果然很准确，这都是他在不断实践中积累下的经验。看到这里，小富兰克林心里开始佩服起自己的父亲来。

父亲打开盖子，一股浓浓的热气和清香从盆里扑面而来。热气散去后，盆里一点儿油都看不见了，剩下的只是一些黑色的液体。"现在，盐水该派上用场了。"父亲说完，就立即将预先配制好的浓盐水倒进了黑色液体中。

就在这时，奇迹发生了，只见有一些颜色稍浅的固体慢

慢从污浊的液体中分离出来。“看，这些就是肥皂。”父亲指着那些固体说道，“接着抓紧时间，将这些东西收集起来。”

“肥皂不是一块儿一块儿的吗？颜色也没有这么深啊。”小富兰克林问道。

“这里面有很多残留的木灰，所以颜色很深，等把它洗干净后，颜色就浅了。到时我们再把它放到模具里一压，就变成一块一块的肥皂了。”父亲解释说。

“哦，原来是这样啊！真是太神奇了，想不到肥皂是这样生产出来的。”对于刚刚学到的东西，小富兰克林感到心满意足。他迫不及待地想自己亲身感受一下肥皂的加工过程，就赶紧让父亲给他一些原料，之后按照父亲说的方法一步一步操作了起来。

当天下午，小富兰克林就制作出了自己的第一块肥皂，他高兴地把肥皂拿给父亲看。父亲看完后，说道：“不错，像模像样的，以后就这么干吧！”这句话给了他极大的鼓舞，他马上又开始干了起来。

“加工肥皂可比加工蜡烛有意思多了，以后就由我来专门负责这件事吧，您年纪大了，只负责蜡烛的事情就可以了。”小富兰克林开心地对父亲说。父亲也很高兴，因为这是他第一次发现自己的儿子很会关心人。

成长加油站

小富兰克林退学之后，父亲教给他制作蜡烛和肥皂的方法时，他非常认真地学。

小朋友们，你们要时刻保持一颗求知的心，抓住一切机会来丰富自己的学识，无论在什么时间，什么地点。因为活到老，学到老。

延伸思考

1. 与加工蜡烛相比，小富兰克林为什么对加工肥皂更感兴趣？

2. 是什么让小富兰克林暂时不再回想学校里的事了？

第六章　不合格的肥皂工人

学会了加工肥皂以后，小富兰克林就从早到晚地忙了起来。渐渐地，他的技术越来越熟练，肥皂加工得越来越好。这一切都被父亲看在眼里，从心里为自己的儿子感到高兴。

在加工过程中，一个问题逐渐在小富兰克林脑海中浮现出来。他想：既然木灰可以用作加工肥皂的原料，那么草灰行不行呢？如果可以的话，用草灰来加工肥皂不是更省钱吗？有了这个想法后，他就决定要试一试，弄个明白。

这天，小富兰克林加工完第一批肥皂后，就迫不及待地找了些干草，将它们点燃，不一会儿，草灰就烧好了，他赶紧将它们和一些猪油拌匀，开始加热。

一段时间后，盆子里并没有出现他想要得到的肥皂，看来，草灰和木灰里面的成分不同，不能用来加工肥皂。这时，父亲来到屋子里，想要看看他的加工进度。可当看到锅里那些猪油和草灰的混合物时，他就有些生气了。

“你在干什么呢？怎么把草灰放到猪油里了？这样是不行的，只会白白浪费猪油！要知道，猪油是很贵的！”父亲开始批评起小富兰克林来。事情搞砸了，他无话可说，只好

虚心接受批评。

“唉，我还是老老实实按照父亲教我的方法做吧！”因为没有达到预想的目的，浪费了原材料，小富兰克林感到有些失望。于是，他又按照之前的方法加工起肥皂来。

只过了一天，不甘失败的小富兰克林就又有了新的想法。他想：既然猪油很贵，那我就用别的油代替它试一试，看看行不行。要是可以的话，肥皂的生产成本也会下降的。他说做就做，马上行动起来。

他找来的是便宜的植物油，将木灰加了进去，开始加热。一段时间后，盆子里果然有了一些肥皂，不过，它们实在是少得可怜，而且质量也不怎么样。

虽然用植物油没有加工出多少像样的肥皂，但小富兰克林从实践中了解到了人们之所以选用猪油来加工肥皂的原因。下午，父亲又来看他加工出多少肥皂了，一进屋子，只见产量不足平时的一半，就又有些生气。

“今天怎么加工得这么少？怎么回事？”父亲问道。

“我尝试着用便宜的植物油来加工肥皂，效果不是很好。”

“你怎么又动起歪脑筋了？踏踏实实地做事不行吗？成天想着投机取巧，这样可是做不成什么事情的！”父亲再次严厉地批评了他。这次，他依然一句话也没说。

从那以后，小富兰克林就不再继续探索更好的肥皂加工方法了，而是按照之前父亲教给他的方法，一步一步地进行着。

日子久了，小富兰克林觉得成天这样下去学不到什么

东西。每天这样按部就班、机械性地重复手里的工作让他觉得越来越没有意思。

“不行，我必须学点儿什么才行。”于是，他把猪油和木灰放进盆中加热后，就赶紧出去了。他打算去借两本书看。

18世纪人们对蜡烛的需求量很大

不料，他刚出去没多会儿，父亲就来“查岗”了。发现他人不在这里，火上还加热着猪油和木灰，顿时感到非常气愤，心想：“这孩子真是不可救药！我当初还指望他帮我多挣点儿钱，改善一下生活呢！现在看来真是愚蠢啊！他这样的工人是不合格的！”

一个多小时后，小富兰克林手里拿着一本书，兴高采烈地回到家里。一进屋门，却发现父亲一脸阴沉地站在那里。

“你又干什么去了？我让你好好在炉火旁边看着，你人怎么不见了？”父亲问道。

“我到外面借本书看，成天在这里守着也学不到什么东西，实在是太无聊了！我当初就不应该同意退学。”这次，小富兰克林不再沉默了，而是将心中的想法说了出来。

听到儿子的话，老富兰克林心里也有所触动。在让儿子退学这件事上，他一直心存愧疚，看到儿子那么喜欢学习，他逐渐理解了儿子之前那些“投机取巧”的举动。

过了一会儿，父亲老富兰克林说道："儿子，你一直想要学习，怀念以前在学校的生活，这我很清楚。我也不是非要剥夺你学习的权利。既然这样的话，你就每天上午加工肥皂，下午看书学习，怎么样？"

"真的吗？这可真是太好了！"小富兰克林高兴得跳了起来，之后马上坐到炉火边，认真加工起肥皂来。父亲见他的心终于收住了，也很高兴。虽然他不能成天加工肥皂，但也好过一整天"心不在焉"地对待工作。

从此，小富兰克林上午工作，下午学习，不仅产品质量得到了保证，而且学习也没有耽误。

成长加油站

起初，小富兰克林把工作当成了学习，想要研究用其他原料能不能生产出肥皂。经过两次失败的尝试后，他理解了人们选择猪油和木灰做原料的原因。

小朋友，在成长过程中，你也应该像小富兰克林学习，多通过实践来让自己对事物的认识更加深刻。相信这定会让你的成长过程更加丰富多彩。

延伸思考

在不断尝试制造肥皂的方法中，小富兰克林有什么收获？

第七章　转行做印刷匠

小富兰克林在家给父亲帮忙做肥皂，一干就是两年。在他和父亲的共同努力下，他家终于渡过了难关，生活条件得到了改善。这时的小富兰克林已经12岁了，他觉得父亲每天都很辛苦，自己应该做一些更赚钱的工作，才能让生活条件更好一些。

正好，他有一个哥哥叫詹姆斯，经营着一家印刷厂。哥哥每次回家时，都对父亲说印刷厂里的情况很好，也赚了不少钱。确实，这两年来，哥哥也没少给父亲钱，帮他维持生活。

小富兰克林想：既然哥哥的印刷厂很赚钱，自己到那里去当个印刷匠不是很好吗？再说这厂子是哥哥开的，到那里去上班也不会受什么气。

一天，哥哥结束了印刷厂的工作，来看望父亲。小富兰克林把自己想要到印刷厂工作的想法说了出来。哥哥听了非常高兴，说道："本杰明，我这里正缺人呢！你赶快过来吧，咱们都是一家人，肥水不流外人田了！再说，你又是个聪明好学的孩子，到我这儿来工作准没错！"

听了哥哥的这番话，小富兰克林非常高兴。对这件事，父亲也很支持，毕竟到印刷厂上班比在家做肥皂挣得多，这么一来，以后的生活就有保证了。

第二天，小富兰克林就跟着哥哥来到印刷厂。“这里可真大啊！”小富兰克林不由得感叹道。只见工人们在紧张地忙碌着，不停地排版、换版、印刷。

“原来书是这样印出来的啊！”眼前的一切让小富兰克林感到非常新鲜，他觉得自己可以在这里学到很多知识和技术。“来这儿上班果然没错！”他兴奋地说。

“来，本杰明，你先跟着汤姆学习如何排版吧！”哥哥把他领到一个名叫汤姆的工人面前，将他委托给了汤姆。汤姆是个很和善的人，他不仅乐于助人，还很会关心大家。当然，他的排版技术也是印刷厂里数一数二的。

汤姆一见小富兰克林就打心眼里喜欢，确实，小富兰克林一看就是很聪明的孩子，带这样的徒弟会省不少心。

“小本杰明，这是铅板，我们要用它排列出需要印刷的句子，之后再放到印刷机上去印制。”汤姆耐心地讲着。

“哦哦，这真是太神奇了。我先试着排几句话吧！”说罢，他就拿起各种刻有不同字母的铅板，在版面上排出了一句话：“我的名字叫本杰明·富兰克林。”

汤姆一看非常高兴，说道：“对，就是这样做！本杰明，你真是太棒了！”之后，汤姆就带着小富兰克林实践起来。他首先拿来一个手抄本，这是作者的原稿。之后，他俩一边看稿

子，一边排版，没过多久，小富兰克林的动作就很熟练了。

“排版这项工作虽然不复杂，但想要做好并不容易。它要求我们一定要仔细、认真，不能排错一个字母、一个单词。”汤姆叮嘱道。

小富兰克林点了点头，回答说：“嗯，我懂了，我一定会认真的。”渐渐地，在排版过程中，他发现这个工作表面上是体力劳动，实际等于是在看书。因为只有读过作者的原稿后，才能将版面排出来。这让他发自内心地喜欢上了排版。

印刷厂每天的任务都很重，对于不爱学习的人来说，排版这项工作极度枯燥、乏味。但对于爱学习的小富兰克林来说却充满乐趣。如果遇上排一些科普书籍的版面时，即便大家都去休息了，他还会在那儿干个没完。实际上，对他来说，排版就是在看书。

不久后，哥哥詹姆斯开始出版《新英格兰周报》，内容都是发生在各行各业的新闻。这引起了小富兰克林极大的兴趣，他想：既然别人可以写新闻发表在报纸上，自己为什么不能呢？于是，他也开始注意搜集一些能够引发大家共鸣的社会事件和奇闻逸事，把它们整理起来，自己写起了文章。

想当初，富兰克林在学校上学时，最拿手的就是写作了，再加上他平时阅读了大量名人的文学作品，从中学到了很多实用的写作技巧，写新闻对他来说是很容易的事情。他在纸上洋洋洒洒写了上千字，不仅把社会上发生的事情交代得很清楚，还尝试着做一些分析，揭示这些事给人们带来的

影响和启示。要知道，这时的富兰克林只是个十几岁的孩子，能够写出这种文章是非常了不起的。

稿件写好后，他就给自己起了个笔名，等到天黑的时候将稿件塞到印刷厂的门缝里。第二天，大家上班看到稿子后，都纷纷夸赞稿子里的内容既深刻又接地气。哥哥詹姆斯看过后，也连连点头，当即同意将这篇文章发表在当天出版的《新英格兰周报》上。

听到人们赞赏自己的文章时，小富兰克林心里非常高兴。他们谁也不会相信眼前的文章是一个只读过两年小学的孩子写的。

不一会儿，负责排版的工人将小富兰克林的文章排好了，随着印刷机的往复运动，一份份《新英格兰周报》出现在人们眼前。这天的报纸头版登的就是小富兰克林的文章，可见大家对于这篇文章的重视。

四年后，当初的小富兰克林已经成了一个经验丰富的印刷匠。这时的他已然是一个16岁的年轻人了，再叫他小富兰克林已经不合适了。因此大家都主动将过去称呼他时添加的“小”字去掉了。现在，出现在大家面前的是青年富兰克林。

印刷铅板

这些年来，富兰克林的印刷技术有了很大的提高，现在的他已经可以和自己的老师

汤姆旗鼓相当了，成了印刷厂里的技术骨干。当然，他对世界依然保持着足够的关注，总是抓住一切机会来丰富自己的学识。

除此之外，通过阅读模仿其他报刊上文章的写作技巧，并加以融会贯通，他逐渐形成了自己的写作风格。

这时，富兰克林所写的文章内容也比以前更深刻了，往往能从一些发生在身边的小事中剖析出蕴含的道理。人们读过他的文章后，总能深受触动，产生共鸣。为了与这些文章相匹配，他给自己改了个笔名，叫“寂寞的行善者”。他用这个笔名发表了14篇文章，每篇都获得了成功。那时，人们都以为文章的作者是一位站在道义至高点上的孤家寡人，谁能想到他其实只是个16岁的年轻人呢？

平时，富兰克林的生活很俭朴，虽然他现在有了稳定的收入，但是从不乱花钱，而是把这些钱存了起来，休息的时候就到书店逛逛，买几本书看。那时，他看了很多物理方面的书，从中学到了很多知识。别看他没有在学校里学习，知道的东西却一点儿也不比那些学生们少。工作之余，他还经常把这些知识分享给工友们，他们都很喜欢听他“讲课”，以至于到后来，大家只要有不懂的问题，就来向他请教。

眼看富兰克林逐渐成熟了起来，哥哥詹姆斯也开始把一些印刷厂里的管理工作交给他来做。这让他开始接触到了一些图书馆、书店里的工人，他们是专门来取书的。

通常，这些人一周会来一次印刷厂，把新印出来的书取走。

日子久了，富兰克林就和他们成了熟人，每当他们来取书时，富兰克林都免不了要和他们聊上几句，有时还会互相调侃。

一天，富兰克林突然有了一个想法：既然那些人在图书馆工作，自己为什么不让他们帮忙弄几本书来读呢？只要晚上把书弄来，第二天早上再还回去，就不用花钱来买书了。这真是个不错的主意，他觉得可行。

下午，一个叫查克的人来取书，他和富兰克林已经是老朋友了。富兰克林觉得请他帮忙最靠谱，就把自己的想法说了出来。查克说：“我在书店负责管理书籍，所以有机会帮你。况且，我家离你家也近，第二天早上我上班时，你把书交给我，我再摆到书架上，这样不影响读者阅读。”就这样，两人一拍即合，马上展开了“借书”行动。

查克知道富兰克林喜欢读科普类的书，所以他专门挑选这类书。这天晚上，他给富兰克林拿来了一本名叫《解谜自然》的书，富兰克林一见就喜欢上了它。查克叮嘱说：“千万别把书弄坏了啊，明天还得还回去呢！”

“放心吧，我一向对书都是很爱惜的，更何况是‘借’来的呢！”说着，他立马捧着书读了起来。因为只能在晚上看这本书，所以他格外珍惜这段时间，往往会通宵达旦地阅读。

第二天一大早，查克就来敲门。富兰克林把书交给他后，要求他晚上一定要再把书拿回来。就这样，在查克的帮

助下，富兰克林用了二十多天，才将这本书读完。

后来，查克又帮他“借”了很多技术书刊、科学论文和很多名家的作品，他读过这些书后，眼界大开，思考问题的方式也发生了很大变化。如果他当初没来做印刷匠，那么有可能会失去这么宝贵的学习机会。

起初富兰克林到哥哥的印刷厂上班，只是为了多赚一些钱，却没想到在这里有了很多意外收获。他利用排版时的阅读机会来学习，后来还让书店的朋友将书拿给自己看，学到了很多知识。

从富兰克林做印刷匠的这段经历中，我们可以明白一个道理：学习知识不仅仅限于学校，在任何地方都有学习的机会。小朋友，你记住了吗？

延伸思考

1. 富兰克林为什么会喜欢上排版的工作？

2. 从富兰克林让朋友帮他从书店“借”书看这件事中，你有什么感想？

第八章　数学“补课”

以前在学校上学时，富兰克林的成绩非常优异，但他的数学成绩不太好，有两次甚至没有及格。后来通过努力学习，他的数学成绩逐渐好了起来。

这时的富兰克林已经快17岁了，他平时总是想：像自己这个年纪的人已经读完中学了，甚至已经念大学了，他们的数学水平有多高呢？为了弄清这个问题，他托朋友帮他弄来了几本大学数学教材。

这些书很厚，和他从前上学时见到的教材很不一样。当他翻开书后，里面那些复杂的数学符号顿时让他感到眼花缭乱，毫无头绪。“看来我的数学水平已经和同龄人差得太远了，以前只顾着读一些自然科学类的书，现在是时候补补数学的课了。”

富兰克林清楚，数学是需要按部就班来学习的，不可能跨过小学、中学的知识，一步登天就想学会大学的内容。于是，他又让朋友给他弄来了小学、中学、大学所有关于数学的教材，认真学习了起来。

这时，富兰克林发现小学的数学知识对他来说竟然如此

简单。从前那些令他百思不得其解的问题现在看来简直容易多了。不过尽管如此，书中仍然有很多他当初没来得及在学校学的知识，对于这些知识，他仍要专心学习。

就这样，富兰克林白天在印刷厂工作，晚上就回家补习数学。用了一周时间，他学完了小学所有的数学知识。他生怕自己对书中的知识掌握得不够牢固，就不停地做着书后的练习题，直到将这些知识彻底弄懂为止，然后才开始学习中学数学。

和小学数学比起来，中学数学的难度就大了，让他感到有些不适应。除此之外，他还读了赛勒和舍尔梅等人关于航海的著作。书中涉及一些平面几何的内容，这是他过去从没接触过的，他学得有些吃力。

一天，下班回到家后，富兰克林就开始思考起一道几何证明题。其实，这道题已经困扰他好几天了，无论他怎么思考，还是毫无头绪。“或许我应该请上过中学的朋友来帮帮忙。”他想着想着心里就打定了主意。

第二天，他就找到了邻居家的朋友巴伦来讨教。人家现在可是他们家附近少有的青年学者呢。其实，在巴伦心里，富兰克林一直就被看作自己的榜样，即使他已经离开学校多年。直到今天，无论自己还是其他同学在提起他时，还会在言语中流露出对他的崇拜。

眼见自己的“偶像”主动来向自己请教问题，巴伦感到非常惊讶。他一点儿也没有学者的架子，还像从前那样尊敬富兰克林。富兰克林说道：“巴伦，现在的我们已经和当年不同

了。我是个没有文化的人，可你不一样，你是咱们这里有名的学者，我得多向你请教才是。”说罢，他就拿出了一张纸，上面正是困扰了自己好几天的那道几何证明题。

看到富兰克林即使离开了学校，依然没有忘记学习，巴伦心里对他的敬佩更深了。他赶紧接过题目，看了一会儿，就说：“这道题需要加一条辅助线，我来画给你看。”

当巴伦将辅助线画出来后，富兰克林恍然大悟，当即将题解了出来。“看来没有你的帮忙，光靠我自己冥思苦想，想要学透数学真的很难啊！我以后可以经常来请教你吗？”富兰克林问道。

“请教谈不上，我们互相学习，共同进步嘛！”巴伦笑着说。

“对，互相学习，共同进步。”从那以后，富兰克林就经常来找巴伦请教。在这位良师益友的帮助下，他的数学水平果然有了很大的提高。

一段时间后，巴伦告诉富兰克林说：“你现在的基础已经很牢固了，可以学习大学的数学知识了。”富兰克林非常高兴，把大学课本拿了出来，翻开一看，之前那些让他眼花缭乱的符号果然变得容易多了。

之后，富兰克林又和巴伦一起，学习了高等数学知识，并把它们理解得很透彻。他自己也经常思考一些数学问题，并尝试着去证明。在不断实践的过程中，他的数学水平渐渐超过了同龄的大学生，就这样，他在家里念完了大学，补上了数学这块“短板”。

成长加油站

富兰克林虽然很聪明，可他一点儿也不骄傲自大；相反，在遇到自己弄不懂的问题时，他会主动去向过去的朋友请教，即便朋友当年并不比自己强。

小朋友，中国有句古话叫做“敏而好学，不耻下问。”任何人都可能成为我们的老师，对于不如自己的人是这样，对于比自己强的人就更是这样了。无论何时，我们都要保持一颗谦卑的心，不要骄傲自满，狂妄自大。

延伸思考

是什么促使富兰克林一定要补上数学这块“短板”？

第九章　离开波士顿

在哥哥的印刷厂工作了五年，富兰克林发现哥哥对自己的要求越来越高，管理也越来越严格了。在学习这件事上，哥哥以前从不反对他。可随着时间的推移，哥哥觉得他每天花费大量精力读书会影响到印刷厂的工作，就时不时地说他几句。

要知道，不让富兰克林做手里的工作可以，可要是不让他读书学习，那绝对是不行的。想来想去，他决定离开哥哥的印刷厂，到外面闯荡一番。凭着自己精湛的印刷技术，至少混碗饭吃是不成问题的。

那时，宾夕法尼亚州的费城是一个文化气息很浓郁的城市，一定程度上比波士顿更容易获得成功的机会。于是，1723年10月的一天，富兰克林离开了波士顿，来到了费城。

比起波士顿，这里的热闹程度毫不逊色，其中自然蕴藏着数不清的工作机会。费城的印刷厂很多，甚至有一条街两边被大大小小的印刷厂、出版商占满，因此人们称它为“出版街”。

没过多久，富兰克林就凭自己高超的印刷技术，得到了塞

缪尔·凯姆尔印刷厂的聘用，而且一入职就担任厂里的印刷助理。这个职位有着可观的收入，在费城养活自己是绰绰有余的。

今日的费城

一切安顿好以后，富兰克林就提起笔，给家里人写了一封信。信中陈述了他离开波士顿的原因，并告诉家人自己现在一切都好，已经在费城找到了一份收入可观的工作。

可没想到信寄出去后，却出人意料地被宾夕法尼亚总督基思爵士看到了。他读过这封信后，觉得富兰克林的文笔实属了得，以他的能力不应该只在印刷厂里做一个工人，而是应该开创属于自己的印刷业。想到这里，基思爵士立刻给富兰克林写了封回信，劝他自己创业。在信中，基思爵士还承诺会给他提供信用状和介绍信，帮助他到伦敦购买当时顶级的印刷器材。

富兰克林读过这封信后，触动很大，毕竟不是谁都可以得到总督的认可的。他觉得事不宜迟，应该马上动身前往伦敦。可到了那里后，他才发现基思爵士并没有兑现诺言，所谓的信用状和介绍信根本就是子虚乌有。

无奈之下，富兰克林决定先在伦敦安顿下来，要是现在回去的话，之前的路费就白花了。在伦敦，他重拾自己的老本行，在一家印刷厂找了份工作。因为他技术过硬，又吃苦耐劳，没过多久，就成了厂子里的骨干，很受老板赏识。

但是，富兰克林并没有因此而飘飘然，他时刻保持着清醒的头脑。虽然基思爵士没有兑现诺言，但创办一家印刷厂的想法已经在他心里扎根了。为此，他依然过着俭朴的生活，除了日常的基本开销外，他几乎不会多花一点钱。

为了能够尽快圆梦，他还利用业余时间，做起了游泳教练。这期间，他与前来学习游泳的学员建立了非常深厚的友谊。听说谁想要学游泳，学员们都会把他推荐到富兰克林这里来。为此，这个兼职工作也帮富兰克林挣了不少钱。

富兰克林在伦敦生活了两年。他除了工作外，还购买了很多印刷工具和设备，摸清了伦敦通往全球的书籍销售渠道，特别是与美洲大陆地区的业务往来。收获满满后，他登上了前往美洲大陆的船，回到了费城。这时的富兰克林给自己制定了人生计划，还将节俭、诚实、勤奋作为人生信条。

到目前为止，除了还缺少一些钱外，开设印刷厂所需要的东西都准备齐了。这时，他开始努力工作，每天都加班到很晚，为的是多挣一些钱。终于，在1730年，他24岁时，终于攒够了钱，和另外一名学徒工一起，开办了一家印刷厂。

那时，报纸在费城还是新鲜事物，人们了解消息主要还是靠相互之间口头传达，消息的时效性得不到保证。看到了这一点，富兰克林就开始出版一份名叫《宾夕法尼亚报》的报纸，将最近发生的所有新闻都印在上面供人们阅读。报纸一经上市，广受好评，每天一大早就被抢购一空。有时，为了满足人们的需求，印

刷厂经常加印报纸，让那些早上来不及买报纸的人有得看。

自从《宾夕法尼亚报》上市后，印刷厂的生意就越来越红火，富兰克林也变得越来越富有，在费城出版界站稳了脚跟。这时，他已经成为一位年轻的企业家，受到了人们的尊敬。

同年9月，富兰克林与一位名叫德博拉的姑娘结婚了。婚后，妻子为他生了两个女儿，一家人过得很幸福。

成长加油站

离开波士顿后，富兰克林开始为自己的人生打拼。无论在费城还是在伦敦，他都非常勤奋地工作，努力赚钱，勤俭节约。因为他心中早已有了自己的目标。

小朋友们，在成长过程中，你们也要像富兰克林那样，不断为了自己的理想努力奋斗，并始终保持艰苦朴素的作风，这将会对你们的成长带来极大的帮助。

延伸思考

1. 富兰克林为什么要选择去费城打拼？

2. 为什么富兰克林到了哪里都可以养活自己？

第十章 创办共读社

当年在英国伦敦生活期间，除了努力工作以外，富兰克林还时不时地出入一些上流社会人员较多的场所。尽管每次他一来到这里，那些贵族们就会用鄙视的目光看着他，但是他并没有把这些放在心上，经过一段时间的坚持和努力，终于有所收获。

富兰克林发现那里有很多绅士非常爱读书，经常在喝下午茶的时候靠读书来打发时间。这给了富兰克林很大的启示，他心想：要是那些普通百姓也这么爱读书，他们的命运会不会因此而改变呢?

回到费城后，富兰克林依然在思考这个问题。随着思考不断深入，他越来越觉得凡是有理想、有目标的人都应该多读一些书，让自己的学识变得丰富起来，这样才能离人生目标越来越近，最终获得成功。

接着，富兰克林又回想起了从前在学校上学的那段日子。那时，每天都有新知识可以学习，大家在一起共同进步，真是快乐啊！“难道现在就不能再像以前那样快乐了

吗？”富兰克林问自己。

“看来，与其他人共同进步才是我快乐的源泉。既然如此，不如创办一个学习社团，让有理想的人加入进来，一起探讨吧！”富兰克林心里暗想。

有了这个想法后，富兰克林马上就行动起来。他联络了费城各个印刷厂里那些有上进心的同行，组成了一个社团。每个加入社团的人都带来一些书。这样，大家在一起互通有无，便有了更多读书的机会。这一年是1727年。

因为在当时，印刷厂的工人们工作时都会穿一条皮围裙，防止油墨弄脏衣服，皮围裙就逐渐成了印刷工人的标志。有鉴于此，富兰克林提议把社团命名为“皮围裙俱乐部”，大家一致同意了。

社团成立后，成员们只要一有时间，就会聚到一起相互学习，探讨。随着社团影响不断增大，一些知识分子也加入进来。这时，富兰克林意识到，社团再继续沿用“皮围裙俱乐部”已经不合适了。他想了想，最终决定将社团名改为“共读社”。

知识分子的加入给社团注入了新的活力，成员们讨论的问题也从简单的科学知识上升到了社会时事、人生价值观的层面。这时，富兰克林觉得共读社应该朝着更加规范的方向发展。为此，他将成员的数量固定为12名，活动时间固定在每周五下班后。

除此之外，富兰克林还将共读社的宗旨确定为忠实、真诚、正直。在这一宗旨的指导下，人们要想加入共读社，必须回答四个问题，分别是：你是否会尊重其他会员？你是否可以平等看待每一个会员？你是否认为和自己信仰不同的会员应该接受惩罚？你是否热爱真理，并且致力于寻找真理？

富兰克林之所以会提出这些问题，主要是想考察一下申请者的基本价值观，以及有没有包容心、上进心。有了更严格的入社规定，共读社中会员的素质逐渐高了起来。而一些刻意制造矛盾、不思进取、阻碍共读社发展的人则被踢出社团。

后来，共读社里集中的几乎都是社会上的精英人士，它的影响力已经传遍了整个费城。那时，每个人都以加入共读社为荣。共读社成员走在大街上，人们都会向他投来景仰的目光。

眼看共读社已经发展到了这么高的知名度，富兰克林感到非常欣慰。他决定制定一套共读社活动章程，以便可以更好地将大家组织起来。

经过几天的思考，富兰克林一共制定了多达24条章程！比如：你最近是否听到什么值得向其他会员推荐的故事？你最近有没有听说哪个市民经商失败？你知道那些有钱人是通过什么过上富裕的日子的吗？……在这些章程条目的指导下，共读社活动变得比之前更加丰富多彩了。

所有会员都非常支持富兰克林对共读社未来发展作出的

决定，将他看成是整个共读社的灵魂所在，尽管他是共读社中最年轻的一位。

就这样，富兰克林再次找到了如同当年在学校读书时那样的快乐。

成长加油站

对于富兰克林来说，与大家一起共同进步才能真正让他感到快乐，他也正是出于这个目的才创建的共读社。显然，富兰克林在自己找到快乐的同时，也让更多的人有了学习和进步的机会。

小朋友们，相信你们一定听说过“帮助他人，快乐自己”这句话。那么不妨行动起来，与朋友们一起，多做一些大家都喜欢做的事情。这样一来，快乐自然会降落在你们周围。

延伸思考

1. 是什么促使富兰克林创办了共读社？

2. 富兰克林为什么要对申请加入共读社的人提出四个问题？

第十一章　进入政界

时间到了1736年，宾夕法尼亚州议会开始在全州范围内竞选政府工作人员职务。30岁的富兰克林也参加了这次选举。这时的他已经是费城出版界响当当的人物，因为出版《宾夕法尼亚报》而闻名整个州。人们觉得他总是能够掌握第一手的新闻资料，对各种新闻的剖析、解读能力很强，这对于在政府工作是非常有利的。因此，他以很高的票数当选为宾夕法尼亚州议会秘书，踏入了政界。

进入议会后，富兰克林就不能整天待在印刷厂了，而是需要拿出很多时间在议会里审查提案，与议员们一起制定政策。尽管比以前忙了很多，但他仍然乐此不疲地工作，觉得自己做的是一件有益于人

富兰克林创建的宾夕法尼亚大学

民的大好事。

第二年，富兰克林又被任命为费城副邮务长，负责整座城市的邮务、物流管理工作。这时，他每天最多在印刷厂待3个小时，剩下的时间不是在政府，就是在四处奔波的路上，日子过得很充实。

不过，即使在这种情况下，富兰克林仍然坚持每天学习。毫无疑问，他的时间都是从百忙之中挤出来的。对他来说，在政府工作的最大好处就是可以更方便地搞到各种学习资料。在接下来的几年里，除了依然对科学知识保持着足够的兴趣外，他还自学外语，将法语、意大利语、西班牙语和拉丁语练得滚瓜烂熟。

富兰克林为什么要孜孜不倦地学习这些外语呢？因为当时有很多科学著作都是用几种语言写成的，不懂相关的语言就无法理解书中的内容。为了进一步打开知识的大门，富兰克林只好跨过这一道道障碍，攻克一座座外语的壁垒。

事实证明，富兰克林的这番语法学习起到了意想不到的效果。通过阅读各种外语文献，他的视野一下子开阔了起来，了解到了科学界最领先的研究成果，为他以后从事科学研究铺平了道路。

1743年，37岁的富兰克林已经在政府工作方面取得了很大的成就，同时，他的印刷厂也经营得有声有色，各种订单不断。多年的政府工作让他认识到宾夕法尼亚州的经济虽

然还不错，但在人才教育方面与其他地方比起来，还存在着一些差距。要是继续这么下去的话，这里早晚会出现人才断层，对以后的发展是非常不利的。

有鉴于此，他决定出一个提案，以政府的名义筹办一所大学来培养人才。当天夜里，他就把提案起草了出来，等写完后，已经是凌晨三点多了。他只好短短睡了两个多小时，天一亮就到议会把提案交了上去。

富兰克林的想法在议会上引起了很大反响，通过他的提醒，大家也认识到了宾夕法尼亚州在教育方面存在的“短板”。于是，提案顺利获得了通过，政府马上开始组织大学的筹备工作，并把这件事交给了富兰克林负责。

富兰克林本人虽然只上过两年小学，但通过这么多年不断的学习，他掌握的知识量早已远远超过了很多大学教授。他知道，在当时那个年代，一所大学要想在教育界出名，除了要有足够的教学实力外，还必须得拿出一些科研成果。眼下，他既不认识什么大科学家，也不认识什么有名的教授，所以尽快召集有能力的人才开展科学研究就成了当务之急。

除此之外，富兰克林也希望在大家的帮助下，凭借自己多年学到的知识，展开研究，获得一些成果。

成长加油站

凭借自己的能力，富兰克林得到了人们的认可，进入到政府工作。在这期间，他把各种事务打理得井井有条，同时也没有耽误学习。这些都是需要将每分每秒充分利用起来才能做到的。

小朋友，时间是宝贵的，如何充分利用好时间，让自己不断提高，是我们一辈子都需要思考的问题。既然这样，就让我们从现在开始，珍惜每分每秒吧！

延伸思考

1. 是什么让富兰克林可以竞选成功，成为议会秘书？

2. 富兰克林为什么要花费大量精力去学习外语？

第十二章　改良壁炉

富兰克林踏入政界之前，尽管已经靠开印刷厂赚了不少钱，但他一直过着非常俭朴的生活。他从不把衣食住行看得很重，能省就省，住的房子也很破旧。

不过，在他成为政府工作人员后，就经常要和其他官员在家里见面。这些官员大多都是费城有头有脸的人物，他觉得用家里那破旧的客厅和家具来招待人家会显得对人家不尊重。于是，他就花了一些钱，请工匠简单地将房子装修了一下。

自然而然地，家里那台又小又破的壁炉也被淘汰了，取而代之的是一台大而精美的新壁炉。一开始，富兰克林对这个壁炉非常满意，因为它与装修一新的屋子很般配，给人一种高贵典雅的感觉。

可是到了冬天，这台新炉子的缺点就暴露无遗了。富兰克林发现它不仅浪费柴火，还没法将屋子烧暖和。更可气的是，炉内燃烧时，经常会往外面迸出火星，把周围的地板烫出很多小黑点。使用这台炉子时，人必须时刻守在旁边，因

为你不知道它里面什么时候就会飞出一颗火星，点燃你的家具，烧掉你的房子！

难道这台花大价钱买来的炉子只能用来观赏吗？绝对不行，一向生活俭朴的富兰克林决定改良壁炉。

“这炉子实在是太费柴火了，原本准备烧一个月的木柴，不到一个星期就烧完了！屋里还不暖和！”富兰克林在屋子里走来走去，一边抱怨炉子性能太差，一边思考着解决问题的方法。

炉子已经安装好了，再折腾一番，把原来那台小破炉子换回来已经不现实了。此时，富兰克林面前只有一条路可以走，那就是自己动手将这台效率低下的炉子改良一番。

要想将炉子改良得美观实用，就必须弄清是什么原因导致炉子既费柴又不暖和。他熄灭了炉火，将炉子拆开，把里面的各处部件都检查一了遍。

富兰克林发现，这台炉子的炉膛与烟囱之间没有任何相隔挡的东西，一点儿都不保温。木柴在炉子里燃烧，热量会直接从烟囱散出去，根本不能让屋子变暖和。

“真不知道这台炉子是谁设计的！简直一无是处。”富兰克林生气地说。确实，在他看来，这台炉子的设计者愚蠢至极。

弄清了炉子效率低下的原因，改良起来就有了入手的地方。富兰克林首先在炉膛内安装了一个金属隔板，这个隔板

高贵典雅的壁炉

将炉膛与烟囱之间的通道阻断了四分之三，只留一个小口用于排烟。另外，他还将直上直下的烟道改造了一番，在里面加入了一些拐弯，这样也能减缓热量的散失。如此一来，炉子里的热量就不至于那么快从烟囱里散出去了，屋子自然会暖和起来。

改造完成后，富兰克林迫不及待地将木柴放进炉子里点燃，他感到炉子周围立即产生了一股强劲而温暖的小气流，这是他之前从来没有感受过的。

不一会儿，屋里就暖和了起来，与炉子改造之前简直有着天壤之别。富兰克林发现，炉子里的柴火大多数时间都不是以明火状态燃烧的，所以非常省木柴。由此带来的另一个好处就是炉内不会再因木柴的剧烈燃烧而迸出火星了，安全性提升了不少。这显然与他在炉内加了隔板，减少了空气流通有关系。

这年的冬天格外寒冷，可富兰克林的家里却像春天一样温暖。渐渐地，他发现来他家做客的人多了起来，原来这些人大多数都是跑到他家里蹭暖来了！

后来，富兰克林把自己改良壁炉的方法公之于众，各大

炉具生产商纷纷采纳了这个方案，生产出了令人满意的壁炉。因为这种炉子诞生在宾夕法尼亚州，所以一些人就把它称作“宾夕法尼亚壁炉”；又因为它是富兰克林改良的，所以还有一些人称它为“富兰克林壁炉”。

成长加油站

富兰克林花大价钱买来的壁炉一经使用，让他失望透顶。不过，他并没有被动接受现实，而是尝试着将炉子改良了一番，结果获得了令人满意的效果。

小朋友，很多情况下，我们遇到的困难并不是无法靠自己的力量解决的。这时，我们千万不要放弃希望，被动接受挫折，而是要迎难而上，主动面对挑战。这样，你得到的将不仅仅是成功后的喜悦，还有克服困难的方法和经验。

延伸思考

1. 生活俭朴的富兰克林为什么要把自己的房子装修一番？

2. 富兰克林改良后的壁炉具有哪些优点？

第十三章　创办美洲哲学学会

从1743年下半年开始，想要在科学领域有所作为的富兰克林就积极联络社会上的优秀人才。每隔一段时间，就会将他们集中到一起，交流一下心得体会。富兰克林想要弄清的是今后科学界该朝哪个方向发展，毕竟只有确定了方向，研究工作才能展开。

那时，富兰克林每天都很忙，除了要忙政府和印刷厂的事，还要积极与社会精英们接触，经常要到夜里12点才能睡觉。不过，在劳累之中，一个想法逐渐在他的脑海里变得清晰起来，那就是再组织一个社团。

“这真是个好主意，有了创办和管理共读社的经验，这次一定会少走不少弯路。”富兰克林信心十足地对自己说道。这时，夜已经很深了，可他却显得格外精神。他一边在脑海里描绘着社团成立后的宏伟蓝图，一边拿起笔，开始将成立社团需要准备的方方面面都写下来。

这时，共读社里已经有好几位掌握丰富科学知识的精英人才了，让他们成为新社团的第一批成员自然是再好不过

了。这周的周五晚上，共读社再次举行活动的时候，富兰克林就对成员们说了这件事。大家都很赞同他的提议，马上就推选出了三个合适的人。

此时，富兰克林不是一个人在奋斗了，他有了战友。三人都是费城的顶尖人才，认识不少社会名流。通过他们的牵线，富兰克林将有更大的机会结识大批热爱科学的人。

正如预想的那样，没过多长时间，三人就将好几位在数学、物理、生物学、医学领域取得过一些研究成果的能人介绍给了富兰克林。有了足够多的人才，下一步就该正式组建社团了。

1744年的一天，富兰克林只在政府工作了半天，处理完琐碎的事务后，顾不上印刷厂的事，就赶紧召集所有人才，迫不及待地宣布社团成立了，名字就叫做美洲哲学学会，由他来担任秘书长。之后，大伙又在出版街的尽头租下了一间小屋子，作为社团活动的地点。

有了志同道合的朋友，每个人脸上都露出了笑容。为了更好地开展研究，方便与别人交流，成员们纷纷把住处搬到了出版街附近，还为社团活动地添置了不少书籍和科学实验器材。显然，他们已经把这里当成了自己的家。

看到眼前的一切，富兰克林感到很欣慰。像以前组织共读社那样，他将每周日定为社团的活动日，这么一来，大家每周都可以进行交流，让研究工作更好地进行下去。

一天，一位瘦弱的老人经过社团驻地门前，停了下来，朝屋子里不停张望。正在屋里看书的富兰克林发现了他，就走了出来。还没等富兰克林开口，老人就抢先问：“你们这个美洲哲学学会是干什么的？地方不大，名字倒是挺响亮的。”

“哦，我们这里是一个社团，所有的成员都是科学研究领域的人才。我们每周都会在这里举行一次交流活动，看看大家的研究取得了哪些成果，遇到了哪些问题。”富兰克林回答说。

“原来是这样啊。我能进去看看吗？”

“当然可以了，您请进吧！”富兰克林客气地将老人请进了屋里，老人左看看，右看看，尤其是对屋子里摆放的各种科学实验仪器表现出了极大的兴趣。

“年轻人，你们真是上进啊！实话和你说吧，我是英国政府官员，最近到费城来考察。到这儿没多久，我就听说你们成立了一个美洲哲学学会，所以特意跑过来看看。你们有什么困难可以对我说，我可以给你们提供帮助。”老人说道。

富兰克林有些惊讶，没想到眼前这位瘦骨嶙峋的老人竟然是英国政府的高官。他激动地说：“非常感谢您愿意给我们提供帮助，我们现在缺少的不是钱，也不是实验设备，而是科学研究领域的人才。您要是能帮我们介绍一些科学家过来，就再好不过了。”

“好吧，这件事就包在我身上了。”老人爽快地答应了。

几周后，几位年轻的科学家就来拜访富兰克林了。他们都是从英国本土专程过来的，其中还有两人是英国皇家学会成员。富

兰克林受宠若惊，生怕自己的小社团容不下这些大科学家。

富兰克林顾不得其他事情，赶紧召集所有会员，准备将几位科学家介绍给他们。科学家们都很随和，也很好说话，没有一点儿架子，让富兰克林打心眼儿里愿意和他们亲近。

这次过来，科学家们带来了很多科学界的最新研究成果，让富兰克林他们大开眼界。不过，此时一个隐患正在慢慢萌芽，那就是成员们觉得自己与几位科学家的水平差得太远了，以至于没有了自己的主见，对手里的研究工作也失去了信心。

在学会里，只有富兰克林一个人能够跟上科学家们的节奏。因为他把大量的精力都放在了研究上，没有察觉到其他成员的变化。

然而，就在富兰克林满心欢喜的时候，英国本土那边传来了指示，要几位科学家马上起程，返回英国。这可是个坏消息，他们一走，学会就失去了主心骨，研究就会陷入困境。可面对这一切，富兰克林又能有什么办法呢?

几位科学家临走前，告诉富兰克林电学领域还有很多谜底没有揭开，以后可能会成为科学界的重要研究方向。富兰克林也意识到了这一点，听科学家们这么一说，就暗下决心，一定要在电学方面取得一些研究成果。

这时，富兰克林的美洲哲学学会恢复到了从前的平静。这些日子，他虽然与科学家们交流得很愉快，却冷落了其他成员。静下心来的他开始找其他人谈心，直到这时，他才发现大家早已没有了当初那股努力钻研的热情。他们都觉得自己的研究和科学家们比起来简直差得太远，根本不值一提。

眼见大家已经没有了继续研究的信心，富兰克林只好无奈地停止了社团的活动。“唉，这与我的初衷真是背道而驰了，以后千万不能再犯同样的错误了。”富兰克林勉励自己说。

成长加油站

富兰克林有了进行科学研究的打算后，不想一个人孤军奋战，因此创办了美洲哲学学会。在这里，他与成员们既感受到了奋斗带来的快乐，也领略到了山外有山、人外有人的真谛。

小朋友，人的一生会经历很多事情，在这当中难免会遇到挫折。这时，我们不应该灰心，要认真思考挫折带给了我们什么，这样才能不断得到成长，更好地面对人生中的各种挑战。

延伸思考

1. 富兰克林为什么对组建美洲哲学学会信心十足？

2. 科学家们到来后，富兰克林忽略了什么？

第十四章　弄清雷电形成原因

从富兰克林打算亲自展开研究的那一刻起，他就把研究的方向放在了当时还是新兴领域的电学上。几位英国科学家临走时说的话更让他坚定了信心。那时候，人们对电既熟悉又陌生，熟悉的是刮风下雨时的电闪雷鸣，不熟悉的是电的本质和产生过程。

在此之前，很多科学家都写了关于电的论文，但富兰克林读过这些文章后，总是觉得他们没有说到点上，里面的假设和猜想都存在着这样或那样的不足。况且，如果他能在电学研究上取得进展，将会为今后宾夕法尼亚大学在教育界立足扫清障碍。

这时的富兰克林把自己除政府工作外的大量精力都用在了科学研究上，去印刷厂的次数也越来越少了。

一天，富兰克林找了三个朋友和自己一起做实验。他让甲拿着玻璃棒，乙拿着松香，分别站在一个木箱上。之后，他又通过摩擦的方式让两人手里的物品带上电，接着分别向站在地上的丙放电，结果这两次放电过程都有电火花产生。

可当甲、乙两人握手后，再分别对丙放电，就一点儿电火花也看不见了。

“这是个新发现！”富兰克林兴奋地说。他根据实验现象，猜想玻璃棒、松香上的电荷是可以相互抵消的。既然是这样的话，电荷就有两种。为了加以区分，他就给玻璃棒上带的电荷起名为正电荷，用“+”表示；给松香上带的电荷起名为负电荷，用“-”表示。

经过一段时间的研究，他终于证明了电荷守恒定律是完全正确的，并将这项研究成果写成了论文。

这篇论文一经发表，立刻在科学界引起了巨大的轰动。很多科学家都称这是几十年来最伟大的科学发现，富兰克林也开始在科学界崭露头角。

为了能有足够的时间进行研究，1748年，富兰克林决定彻底退出出版界，不再经营他的印刷生意。不过，即便如此，他每个月仍然可以从合伙人那儿分得一笔可观的收入。他用这些钱购买了大量的实验器材，还把自己的屋子改造成了实验室，供研究使用。

1749年，富兰克林开始将研究的方向转向了大自然，他试图弄清雷电形成的原因。为此，他经常一坐就是好几个小时，目不转睛地盯着天上的云，看它从一小块逐渐变成一大片，最后变成乌云。要是赶上雷雨天，他就比任何人都兴奋，因为雷电不是天天都能有的，他希望能抓住每一次机

会，尽可能快地解开其中的谜团。同时由于当时人们没有掌握有效的避雷手段，房屋、树木经常会受到雷击。因此，他也希望可以通过对雷电的研究，找到一种有效的避雷方法。

1751年夏天的一天，外面阴云密布，眼看一场暴雨就要倾盆而下了。富兰克林像是事先和雷雨约好了一样，早已守在院子里等待着暴风骤雨的来临。

一会儿，雨点零零洒洒地落了下来，接着在不到一分钟的时间里，变成天地相连的倾盆大雨。这时，富兰克林观察到远处有两朵乌云，它们正在慢慢靠近，想要合二为一。富兰克林静静地等待着那个时刻的到来。

眼看两朵乌云越来越近，马上就要融为一体了，富兰克林的心都提到嗓子眼了。突然，两朵云碰在了一起，周围瞬间亮了起来，一道刺眼的闪电直劈大地，接着便是一声震耳欲聋的巨响。接下来，随着两朵云的融合，雷电不时地交相辉映，大雨将天与地连起来。

“我明白了！”守在院子里的富兰克林顿时恍然大悟，高兴得跳了起来。“看来，雷电是由两朵乌云相互碰撞、摩擦后

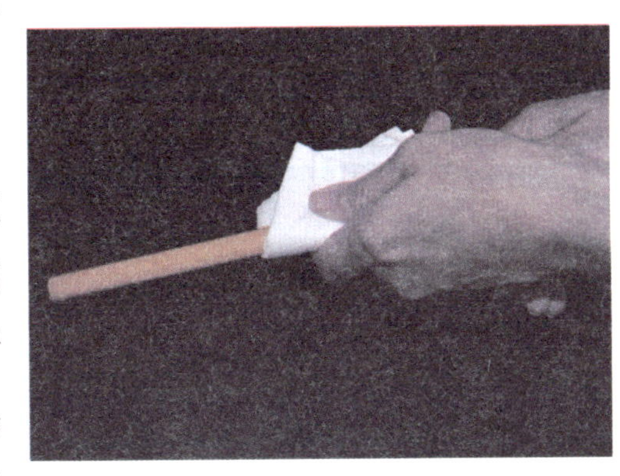

摩擦起电实验

产生的，和摩擦起电是一个道理！”

他马上跑进屋子，将自己观察到的现象写成了一篇论文。第二天，这篇论文就像之前那篇文章一样，引起了强烈反响。至此，人类终于弄清了雷电产生的原因。

也就是在这一年，宾夕法尼亚大学成立了。富兰克林的研究成果被当成了学校的立足之本，让学校很快就得到了社会的认可。

富兰克林通过大量科学实验来研究电的产生原因，他的每一项成果都有丰富的事实来加以证明，因此极具说服力，得到了科学界的一致认可。

从富兰克林的这段经历中，我们可以明白一个道理：要说有依据的话，做有依据的事，不能在还没弄清状况时就迫不及待地下结论。小朋友，你记住了吗？

延伸思考

1. 富兰克林为什么要把电学作为自己的研究方向？

2. 富兰克林是如何证明自己的猜想的？

第十五章　“捕捉”闪电

没过多久，富兰克林又开始思考一个问题：既然雷电也是由摩擦产生的，那么它与随处可见的静电是不是一样的呢？为了弄清这个问题，他必须将雷电“捕捉”起来。于是，他开动脑筋，设计了震惊世界的雷电风筝实验（这个实验非常危险，小朋友们千万不要尝试）。

富兰克林在一只风筝上装了一根金属杆。除了正常的风筝线外，它的下方还加装了一根长长的金属丝。没错，这就是富兰克林“捕捉”雷电的工具。

1752年6月的一天，阴云密布，电闪雷鸣，眼看着一场暴风雨就要来了。富兰克林觉得这是做雷电风筝实验的好机会，就带着自己的儿子威廉来到了郊外。

富兰克林高举着风筝，儿子威廉拉住风筝线，两人一前一后地跑着。因为风很大，没跑多远，富兰克林就将手一松，只见风筝一下就飞上了天空，并且越飞越高，好像是要去拥抱那漫天的乌云。之后，他从儿子手里接过风筝线，耐心地等待着雷电出现的那一刻。

一会儿，大雨倾盆而下，父子俩在雨中艰难地控制着风筝，有好几次都差点脱手让风筝飞走。就在两人快要撑不住的时候，一道闪电从云层里劈了下来，直接劈到了风筝的金属杆上。

这时，富兰克林的手恰好离连接风筝的金属丝不远，只觉得一股令人恐怖的麻木感从手部传了过来。他抑制不住自己心中的激动，大声向儿子呼喊道："威廉，我被电击了！我被电击了！成功了！我捉住电了！"

富兰克林清楚，这时的风筝线上也带有过量的电荷，他赶紧拿出专门用于收集电荷的莱顿瓶，将电荷引了进去。之后，他马上带着儿子往家跑。

回到家以后，妻子见父子俩都被淋成了落汤鸡，赶紧拿来干衣服，准备给他俩换上。富兰克林顾不得换衣服，带着莱顿瓶直奔自己的实验室，开始用刚才"捕捉"到的电进行各种实验。他惊奇地发现，雷电与摩擦产生的静电具有完全相同的性质。

"嘿，今天真是太高兴了！原来雷电与静电是完全一样的！"他激动地大喊起来。稍微平复了一下心情后，他就赶紧坐下来，将自己的实验过程和结论写成了一篇论文。

雷电风筝实验得出的结论再次在科学界引发了轰动，富兰克林也因此名声大振，成了当时名噪一时的科学家。为了表彰他所取得的成就，英国皇家学会还派人给他送来了一个

城市上空的雷电

纯金制成的奖章，邀请他加入皇家学会，成了一名会员。

一年后，为了验证富兰克林的实验，俄国著名科学家利赫曼也在雷雨中放起了风筝。不过，他没有富兰克林那么幸运，不幸被雷电击中去世了。消息传来，整个科学界都为损失了一位优秀的科学家而感到惋惜。在悲伤过后，人们也认识到了富兰克林做雷电风筝实验时的危险处境，都被他敢于探索、不怕牺牲的精神所折服。

尽管有人为研究雷电而付出了血的代价，但这并没有让富兰克林止步不前。这时，他已经了解了雷电的本质，研究出相应的避雷方法也就不是难事了。

其实，在之前的观察中，富兰克林就已经发现雷电直接劈到大地上时，站在远处的人并不会被电击到。这说明大地具有吸收强大电流的能力。这给了他极大的灵感，他想：要是想办法将劈到屋子上的雷电“捕捉”起来，引到大地上，不就可以对屋子起到保护作用了吗？想到这里，他立刻动手做起了实验。经过不断尝试，他发明了一种叫做避雷针的装置。

乍一看，避雷针就是一根几米长的铁杆，安装的时候，需要用不导电的材料将它固定在屋顶，之后在它的下方连接一根粗导线，一直通到大地里。将雷电导进大地里，让屋子免受损害。

1754年，富兰克林将自己的发明公之于众，并向政府提交了一份提案，请求政府组织在民间大量安装避雷针。这个提案马上就获得了通过，政府安排了很多技师，对富兰克林提供的避雷针加以仿制，仅用了一个星期，就生产了五百多套。之后，政府又组织工人带着这些避雷针挨家挨户地安装。

不过，那时候有很多人还保留着迷信思想，特别是那些在教堂里工作的牧师，觉得人类不应该违背上天的意志行事，在屋顶上安装避雷针是不道德的行为。工人们一走，他们就爬上屋顶，把避雷针拆了下来。

不久后，一场特大暴雨袭击了当地，一阵电闪雷鸣后，大教堂着火了，拆了避雷针的屋子也着火了。但是，凡是安装有避雷针的房屋都在平安无事。显然，科学战胜了愚昧，事实教育了人们，让人们不得不放弃迷信思想，站到科学这边来。从此，再也没人怀疑避雷针的作用了。从前那些迷信的人也老老实实地在屋顶上装上了避雷针。

为了弄清雷电的本质，富兰克林冒着生命危险，在雷雨中做了著名的雷电风筝实验。他为了寻找真理不顾个人安危的精神值得我们尊敬。

小朋友，当我们遇到自己从来没有接触过的事物时，往往需要开拓创新的精神。尽管我们不一定要像富兰克林那样冒着生命危险去寻找真理，但在这个过程中，我们一样会收获很多。

1. 富兰克林是如何“捕捉”闪电的？

2. 避雷针为什么能保护房屋免受雷击？

第十六章　担任殖民地代表

1754年，48岁的富兰克林已经是宾夕法尼亚州议会举足轻重的“大人物”了。只要是他提交的提案，几乎都能通过。进入政府18年来，他确实为宾夕法尼亚州的人民做了不少好事，因此人们都信任他，拥护他。

这一年，纽约州的奥尔巴尼要举行殖民地大会，各州都要派代表团参加会议。在宾夕法尼亚州议会上，人们一致认为由富兰克林担任宾夕法尼亚州代表团团长最合适。富兰克林就服从大家的决议，带团来到了奥尔巴尼。

这次的大会异常隆重，宗主国英国的代表坐在会场正中间，其他各州的代表们把剩下的地方挤了个水泄不通。大家争相发言，将自己所在地区的情况一一汇报。很多代表都说自己州的人民生活很艰苦，希望宗主国英国能够给他们一些物质上的帮助。

对于代表们的发言，高高在上的英国代表却不以为然。他始终觉得代表们是想趁机占英国的便宜，所以态度很冷漠。

富兰克林没有急着发言，而是坐在台下，听着各州代表们汇报情况。看到宗主国代表冷漠的态度后，他就开始呼吁各州联合起来，互相支援，共同战胜困难。这个想法一经提出，立刻在其他代表当中产生了共鸣，大家都觉得这是个好主意。

可谁承想，这却在无形当中惹怒了英国代表。英国代表担心美洲大陆的各个州要是联合了，力量就会很强大。到时他们万一不听英国的话了，英国想要重新控制这块土地就很难了。于是，他当场否决了富兰克林的提议，还说以后不要再提这件事。就这样，一场本来很热闹的代表大会却以不愉快的方式收场了。

尽管宾夕法尼亚代表团在大会上没有取得什么成果，但富兰克林的振臂一呼却在其他州代表的心里产生了影响。他们决定背着自己的宗主国，私下里互通有无，解决眼前的困难。

1757年，富兰克林代表宾夕法尼亚州人民来到英国伦敦，当面向英国国王介绍了殖民地人民的生活状况，并且希望英国能多给殖民地一些支持，让那里的人民过得更好一些。

国王虽然表面答应富兰克林的请求，实际上却没做什么事，这让富兰克林感到很不满。为了尽一切可能让英国政府满足自己的请求，富兰克林就暂时在伦敦住了下来。

在接下来的日子里，唯一让富兰克林感到欣慰的就是牛津大学授予他荣誉博士学位，这让只上过两年小学的他受宠若惊。但是，在劝英国政府给殖民地提供帮助这件事上，他没有取得任何进展。无奈之下，他只好带着遗憾返回了美洲大陆。

后来，由于富兰克林为人正直，一心为民，并且受到各州官员们的尊敬，他被推选成为美洲大陆的代表，专门负责殖民地与英国政府间的沟通工作。

1761年，55岁的富兰克林想要退出政坛，专心研究科学。他已经写好了辞职申请，可还没等提交上去，一件棘手的事情就找上了他。

原来，当地有一个实力雄厚的佩恩家族，这个家族不仅有钱，而且有权势，他们仗着有人在后面撑腰，通过不正当的手段，把一大块上好的土地据为己有。政府官员催他们缴税，他们不仅置若罔闻，而且派人把政府的人痛打了一顿。

宾夕法尼亚州政府怎能容忍佩恩家族这种无法无天的行为呢？为了解决这件事，宾夕法尼亚立法机关任命富兰克林为代表，到英国跑一趟，让英国政府来管一管他们。

富兰克林原本以为这只是一次短暂的旅行，可到了英国才知道事情根本没自己想得那么简单。给佩恩家族撑腰的后台就在英国，而且是英国政府内的一位高官。听说富兰克林

是专门跑到英国来告状的，那位高官就动用一切力量，给富兰克林设下重重阻碍。

富兰克林毕竟只是一个殖民地官员，无论如何也没法和英国政府的人抗衡。不过，他仍然坚持在英国斗争了好几年，试图找到解决问题的办法。眼见自己无法战胜社会的黑暗，富兰克林只好无奈地返回了美洲大陆。

这时的富兰克林已经58岁了，他之前虽然打算退出政坛，但社会的不公让他产生了继续在政府奋斗的动力。从那时起，他就经常对别人说："只要社会还存在着不公平，我就得继续在政府里履行好职责。"

这时，正赶上费城进行议会选举。富兰克林积极参选，可最后却出人意料地落选了。要知道，在这之前，他连续14年担任议会议员，并且做出了一番成绩。

原来，这都是那可恶的佩恩家族搞的鬼。因为富兰克林当年去英国告他们的状，他们对富兰克林怀恨在心，发誓要毁掉他的政治前途。不过，就在这时，一个从英国来的王室成员进入富兰克林的视野，他决定找这位贵族聊一聊，看看人家能不能帮帮忙。

一天，富兰克林带着几位政府官员来拜访这位远道而来的贵族。这位贵族很有礼貌，一见是德高望重的富兰克林带人来了，赶紧热情地将他们请进了屋子里。

富兰克林将佩恩家族多年来在宾夕法尼亚的所作所为如

实告诉了这位贵族。这位贵族一听，觉得很不可思议，没想到美洲大陆竟然还有这么无法无天的家族。

担任殖民地代表时的富兰克林

之后，富兰克林提出了一个解决问题的方法，那就是将宾夕法尼亚变成英国的直辖殖民地，直接接受英国王室的管理。这么一来，任凭佩恩家族的后台再硬，也没办法继续和政府唱反调了。这位贵族觉得富兰克林的办法非常可行，就决定立刻返回英国，与国王商量这件事。

之后，富兰克林又将自己的想法告诉了其他议员们，大家纷纷表示支持。尽管这时的富兰克林已经不是议员了，但议会还是派他做代表，再次到英国去和王室交涉这件事。

富兰克林到英国后，先前已经从那位贵族那里知道他意思的国王热情招待了他。在国王看来，富兰克林是站在自己这一边的人，因为他可以帮助英国加强在宾夕法尼亚的统治。国王痛快地答应由英国政府直接管辖宾夕法尼亚，他笑得合不拢嘴，为自己收到的这份大礼而沾沾自喜。自然而然，富兰克林也成了宾夕法尼亚殖民地代表，负责与英国政府进行各种交涉。

其实，富兰克林这么做也是无奈之举，只要有任何其他的可能，他都不会将宾夕法尼亚“出卖”给英国政府。不过，自从英国王室开始在宾州行使权力，佩恩家族的好日子终于到头了。他们不再像以往那么嚣张了，而是夹起尾巴变成了顺民。

在政府工作期间，富兰克林时刻为人民的生活着想，做了不少好事。即使英国政府对他提出的请求不理不睬，他也仍然坚持斗争，最终让佩恩家族不再像以前那样无法无天了。

小朋友，富兰克林的事迹告诉我们，平时一定要多做能够帮助别人的好事，这是获得别人尊敬的不二法宝。你记住了吗？

延伸思考

1. 富兰克林联合各殖民地的呼吁为什么没能得到英国政府的认可？

2. 富兰克林如何与佩恩家族进行斗争的？

第十七章　废除《印花税法案》

1765年，富兰克林正在伦敦负责殖民地与英国政府间磋商工作。尽管他马上就要60岁了，但精力仍然很充沛，像个年轻人一样，每天很早就起床。

那时，富兰克林起床后做的第一件事并不是去洗漱，而是坐在床边看一会儿书，让自己从困倦的状态中逐步过渡过来。因为对他来说，书中的知识永远都会有强大的吸引力。他只需要看一会儿书就精神百倍，之后再去做其他事情。

这天，富兰克林像往常一样来到英国政府，打算开始交涉工作。可他刚进屋，就看到一堆人围在一起，讨论着什么。

“你们在聊什么呢？”富兰克林走上去问道。

其中一个人回答说：“你还不知道吗？有人在政府里提交了一份提案，想让政府对殖民地的各种印刷品征收高额税。政府里有很多人支持这个提案，估计它很快就会通过的。”

听了这番话，富兰克林心里顿时一惊。这可是个坏消息，提案一旦通过，美洲大陆的出版商、印刷厂可就要遭殃了。富兰克林在出版界干了那么多年，自然对出版行业的情

况了如指掌。

“决不能让这个计划得逞！”富兰克林在心中默默对自己说道。可是，那些主张这项提案的人唯恐日久生变，为了让计划得以顺利实施，他们到处收买议员。

在当时，政府里有很多人都是出了名的现实主义者，他们的眼中只有利益，除了金钱，他们什么都不认，就想也不想地上了这伙人的贼船。

结果，还没等富兰克林采取行动，向殖民地印刷品征收高额税负的法案就获得了通过，给富兰克林一个措手不及。因为当时的赋税凭证是一枚印花，所以大家就给这个法案起名叫《印花税法案》。

其实，在英国本土，对出版商、印刷厂征税已经不是什么新鲜事了，富兰克林以前也曾经提议在美洲大陆施行类似的政策，可以少量征收一些税，当时出版界有很多人还很支持这样做。

可这时，随着各殖民地人民的生活逐渐步入正轨，实力越来越强，英国政府觉得再这么下去的话，就会失去在殖民地的权威。在这种心理的驱使下，他们将本土与殖民地区别对待，殖民地的人需要缴纳的税是本土人的好几倍！毫无疑问，这项政策一旦实施，将会让英国本土和美洲大陆间的关系降到冰点。

但是，富兰克林并没有因为这件事“木已成舟”就放弃反抗。他想，事已至此，能够尽量让政府少征收一些税也是好的。于是，他据理力争，每天都忙着写各种建议书，之后

送到管事的人手里。

可一连好几个星期，都没有一个人给富兰克林一个明确的答复。显然，他们已经铁了心要按决议办事了，所以才会对富兰克林的提议置之不理。

没过多久，《印花税法案》通过的事就传遍了美洲大陆。在费城，往日里一片繁荣的“出版街”变得安静了不少。各大出版商、印刷厂都紧闭大门，防止有人上门来讨税。

几天后，大家觉得不能让英国政府牵着鼻子走了，于是纷纷走上街头，举行各种抗议活动。一时间，整个美洲大陆都沸腾起来。

在费城，人们愤怒地包围了议会，指责议会只会被动接受英国政府的决议，一点儿都不反抗。因为富兰克林以前曾经提出过类似的提案，现在他又在英国，因此有些人怀疑这件事是他唆使英国政府干的。

这些流言蜚语一传十，十传百，很快就传遍了整个费城。愤怒的人们包围了富兰克林的家，开始往他家扔石块、鸡蛋和蔬菜。那阵子，富兰克林的妻子整天提心吊胆地待在家里，哪儿也不敢去，担心人们随时会冲进家里。

到底谁该为这件事买单？富兰克林觉得自己必须做点儿什么，既然之前向政府提了那么多建议都无济于事，不如直接向国会提交一份废除《印花税法案》的法案。

答辩会上的富兰克林

富兰克林开始整理思路，之后便提起笔写了起来。为了尽可能写得更有条理，更能让人信服，他一夜没睡，大脑时刻都在飞速转动着。

稿件写好后，他顾不上一身疲倦，马上来到国会，将自己的意见交了上去。他还郑重地告诉管事的人，说很有必要组织一次答辩会，听听他作为一个殖民地代表的意见。

这次，国会的人看过富兰克林的意见后，觉得他说得似乎也很有道理，就没有像之前那样对他置之不理，而是让他两天后到众议院做详细说明。那些主张征税的人见政府的态度似乎有了些转变，心里很是着急，他们四处奔走，到处游说，纠集了一大批人，打算在答辩会上给富兰克林来个下马威。

组织这件事的人甚至狂妄地说："富兰克林，就算你长了一百张嘴也没用！我们这些人一起开口，你一个人的声音还能被听到吗？"

1766年2月13日，伦敦的天气格外寒冷，富兰克林一大早就来到了众议院。这时，他惊奇地发现，那些主张向殖民地出版界征收高额税的人竟然比他来得还早。往日里，这些人

不是迟到，就是早退，没有一点儿政府工作人员的样子。他心里清楚地认识到，今天自己的处境一定会异常艰难。

答辩会开始了。富兰克林站到会场中央，开始陈述废除《印花税法案》的理由。他毫不避讳地指出法案将会对殖民地出版界以及英国与殖民地的关系造成非常严重的负面影响。如果英国政府再这么一意孤行地走下去，最后将会弄得两败俱伤，谁也得不到好处。

在富兰克林陈述完毕后，会议进入答辩环节。那些拥护《印花税法案》的人接连不断地向富兰克林抛出各种刁钻的问题，可富兰克林站在会场中央，就像大师回答学生提问一样，不仅巧妙地回答了各种问题，还经常反问那些提问者，把他们问得哑口无言。

这场充满戏剧性的答辩会一开就是四个多小时，议员们一共向富兰克林提出了174个问题。富兰克林见招拆招，将所有问题都回答得滴水不漏。在答辩过程中，会场里有很多人都转变了看法，甚至还觉得富兰克林是个了不起的人物。

在答辩会快结束时，在场所有人又进行了一次表决。这次，支持废除《印花税法案》的人占据了压倒性的优势。富兰克林的目的达到了。

《印花税法案》被废除的消息传到美洲大陆后，人们再次走上了街头。不过，这次大家不是来抗议的，而是组织了一场盛大的庆祝活动，庆祝这属于全体殖民地人民的伟大胜

利。当人们得知眼前这一切都是富兰克林争取来的时，便消除了之前对他的误解，将他视为美洲大陆的英雄。

后来，有人问富兰克林："面对那么多人的不断提问，是什么让你坚持到最后的？"富兰克林回答说："是一颗坚持正义和真理的心。"

成长加油站

《印花税法案》的通过充分暴露了英国政府对殖民地人民的无情剥削。面对这种局面，富兰克林据理力争，坚决反对法案的决议。他运用自己灵活的大脑和惊人的口才，迫使政府最终改弦更张，停止了错误的做法。

富兰克林坚持正义和真理的做法值得我们每个人尊敬和学习。小朋友，如果你在成长过程中遇到了一些阻碍和不公，也要像富兰克林那样，站在正义和真理这一边。

延伸思考

1.《印花税法案》会给殖民地人民的生活带来哪些影响？

2. 是什么让富兰克林认识到了《印花税法案》的危害性？

第十八章　反对驻军

虽然在关于废除《印花税法案》的答辩会上，富兰克林占据了上风，但那些主张向殖民地征收高额税的顽固分子却并不死心。他们将富兰克林视为眼中钉，在国会里不断排挤他。

不久后，这些人又炮制出了新的征税计划。他们还像上次一样到处收买人心，这招屡试屡爽，很快就起到了立竿见影的效果。更重要的是，这次他们还得到了英国王室的支持，有了足够的支持者和强大的后盾，他们的法案得以顺利获得通过，这给各个殖民地人民带来的负面影响无疑是非常巨大的。

为了防止富兰克林再次跑到国会里“闹事”，阻碍计划的实施，英国政府专门从本土派出了几支精锐部队，部署到美洲大陆。毫无疑问，驻军产生的一切费用自然要殖民地的人民来承担。

自从那些趾高气扬的英国士兵踏上美洲大陆，人们的心里就气不打一处来。他们显然是帝国主义派来剥削、镇压大家的工具，谁要是不听话，就会被他们抓起来痛打一顿，甚至可能会丢掉性命。

殖民地人民与英国士兵之间的矛盾每时每刻都在加深，局势也变得越来越紧张。富兰克林深深地认识到了这一点，他觉得必须得采取行动了。然而，就在他起草提议的时候，他的家乡波士顿有人和英国兵发生了口角。他们当街对骂，骂得很难听，接着又朝对方身上扔雪球。

高傲的英国士兵哪里受到过这种待遇？要知道，在英国本土，就连王室的人对他们都很尊敬。怒不可遏的英国士兵举起枪，朝人们射击，五个人应声倒在了血泊之中。

这次，波士顿人民被彻底激怒了，他们跑到港口，将英国人刚卸下船的600磅茶叶推进了海里。

这时，很多人脑海中都产生了一个想法：如果脱离英国政府的管辖，建立一个全新的国家，生活会不会好起来呢？要说几年前，人们根本不会想到“独立”这两个字眼，可这时，除了独立，似乎已经没有别的路可以走了。

很快，敏感的富兰克林就察觉到了人们心中的这个想法。实际上，他是反对独立的，因为他不想看到整个英国变得四分五裂。不过，对于人们遭受的苦难，他也是发自内心地同情的。他认为派遣士兵到美洲大陆只会把事情搞得更糟，把人们逼上绝路。

这时的富兰克林已经成了美洲大陆与英国政府间沟通的桥梁，人们希望他能够将北美大陆的情况反映到英国政府那里去。确实，富兰克林本人也有这样的想法，他不能眼睁睁地看着情况越来越糟糕而无动于衷。

那时，波士顿所在的马萨诸塞州情况最严重。在得知富兰克林的想法后，马萨诸塞州议会特别聘请他到英国去，作为常驻代表请求英国政府撤走军队。但州长托马斯·哈钦森毫不犹豫地否决了这项任命。

原来，这位州长与英国政府中那些主张征税的人是一丘之貉，看到英国政府往其他州派遣了军队后，就写信让政府也往马萨诸塞州派些兵，以便在征税遇到阻力时，对人们进行镇压。除此之外，他还在信中批评马萨诸塞州的局势，说这里的人都是乱民，建议政府剥夺他们的自由。

这时的富兰克林还不知道托马斯·哈钦森与英国政府串通一气的事，只是为自己被取消任命感到莫名其妙。难道是因为自己岁数大了，不中用了吗？富兰克林预感到事情绝对没有这么简单。

虽然到这个时候，富兰克林仍然对维护国家领土完整抱有幻想，但他也意识到这样下去，人们早晚会被逼急的。为此，他一面安抚愤怒的群众，一面去与当地的军方沟通，让他们不要冲动就开枪杀人。

经过富兰克林的一番斡旋，情况有了一些好转。但这仍然不能从根本上解决问题，北美洲独立的风险依然很大。这时的富兰克林已经厌恶和英国政府的人直接打交道了，于是，他就写了封信，阐明了英国政府在北美大陆驻军的弊端。

不料，这封信寄出去没多久，就被托马斯·哈钦森的人截了下来。他们一看信是富兰克林写给英国政府的，不用想，就知道里面肯定都是反对驻军的内容。他们怎么能允许富兰克林与他们心目中那位尊敬的“州长大人”作对呢？于是就将信撕了个粉碎。

成长加油站

《印花税法案》被废除后，那些主张对殖民地征税的顽固分子并不死心，而是唆使政府变本加厉地剥削殖民地人民。富兰克林坚决反对他们的做法，他多次代表人民向英国政府发出呼声，尽管没能起到显著的作用，可仍然在精神上给了人民很大的支持。

在政府工作的时候，富兰克林经常会处于逆境之中。但他始终坚持真理，做正确的事情。小朋友们，你们也要多多学习富兰克林身上这种执着的精神，成为一个百折不挠的人。

1. 英国在美洲大陆驻军对殖民地人民的生活造成了哪些影响？

2. 富兰克林在英国驻军美洲大陆期间，做了哪些工作？

第十九章　揭露真相

稍过了些日子，富兰克林察觉到了异常：他每次当着哈钦森州长的面提出一些意见时，总会遭到他的批评或指责。这让他意识到州长是为英国政府服务的人，这样的人只会帮助政府压榨人民，是绝不可能为人民的利益着想的。

1772年的一天，富兰克林正在家里看书，突然，一阵急促的敲门声响了起来。他放下书，把门打开后，却发现门口空无一人，只见地上堆着一些信件。

富兰克林将这些信件拿进了屋里，仔细阅读，结果发现这些都是哈钦森州长与英国政府串通一气的证据。直到此时，他才了解到那些士兵都是哈钦森请求英国政府派来的。

这件事非同小可，富兰克林把这些信交给其他官员看，让他们在私底下传阅，不要声张，不要把事情闹大。然而，他的想法还是太天真了，他管得住自己的嘴，可管不住别人的嘴呀！没过多久，哈钦森州长与英国政府串通一气的事情就被传得满城皆知，引起了轩然大波。

愤怒的波士顿人民包围了州议会，要求立刻撤掉哈钦森

的州长职务。不过，人们对富兰克林仍然是一如既往地信任，让他作为州代表到英国去向国王请愿。富兰克林自然乐意接受这个任务，事情已经闹到这个份上了，英国政府就算再愚蠢，也总不能公开与人民作对吧？

此时的哈钦森就像是只热锅上的蚂蚁，被推向了风口浪尖。他挖空心思地为自己辩护，还贼喊捉贼地说信是那些处心积虑想置他于死地的人伪造的，并口口声声说一定要抓住这些人，将他们绳之以法。另外，他还要求州议会恢复他的名誉，让他可以体体面面地出现在马萨诸塞州的任何地方。

同样，这件事传到伦敦后，也引起了一场混乱，英国人也想弄清到底是哪个叛徒将哈钦森的信泄露出去的。为此，他们还特意成立一个调查组，挨个审查政府里的在职人员，搞得人心惶惶。

几天后，调查组筛查出了几个可疑人员，富兰克林并不在其中。不过，他有好几位朋友都莫名其妙地被列为犯罪嫌疑人，他怎么能让他们替自己去背黑锅呢？于是，他主动向英国政府承认信件是他泄露出去的。

之后的日子里，富兰克林的生活并没有受到什么影响，他还是像平常一样，该工作工作，该学习学习。看来，英国政府似乎并没有为难他的意思。

两年后的1月11日，也就是富兰克林68岁生日的前6天，他收到了一封英国伦敦枢密院寄来的信。起初，他还担心英国政府翻旧账，追究他之前泄露信件的责任。可打开信一看，字里行间营造出的尽是友好、融洽的气氛，一点儿也没有责备他的意思。原来，信中说的是枢密院打算邀请他前去商量殖民地的治理问题。

“没准儿英国人是想让我接替哈钦森做州长呢！”富兰克林自嘲地说道。他没有把这事放在心上，就登上了前往英国的船。

三个星期后，富兰克林抵达了伦敦。他没做任何停留，直接朝枢密院走去。可谁知，这里的人们一见富兰克林就板起了脸，把他抓了起来。接着，调查组的人就来审问他，调查他之前到底泄露了多少秘密。

原来，信中所说找他商量事情全是谎言，政府就是为了把他骗过来才寄的信。富兰克林非常生气，大喊：“你们这些骗子，大老远把我骗过来就是为了翻旧账！”

一位调查员反驳了他的话，说道：“错，我们根本不是在翻旧账，这两年来，政府一直没有忘记你泄露信件的事情。之所以等了两年才传唤你，就是要消除你的戒心，让你更容易上钩。”

富兰克林塑像

“真是太卑鄙了！你们这样做是不道德的！我抗议！”富兰克林大喊道。不过，现在的他已经身陷囹圄，就算使尽全力表达愤怒，又能有什么用呢？

想到这里，富兰克林冷静了下来，开始琢磨着接下来该如何应对那些人的调查。一会儿，高尔勋爵来到了枢密院，他是专门来主持调查听证会的。随后，更多的人陆陆续续进入了会场，富兰克林一下子成了众矢之的。

等人都到齐后，高尔勋爵宣布听证会开始。副检察长韦德伯恩负责审理富兰克林。他是个经常以骂人取乐的人，一天不骂人嘴皮子就痒痒。这次政府给了自己审理富兰克林的机会，他就解着气地骂了起来。

韦德伯恩的骂人本领真是高超，在接下来的一个半小时里，竟然没骂重过一句话。在场的大多数人以前只是听说过他很能骂人，从没现场领教过，今天算是大开眼界了。

富兰克林也很震惊，心想：这家伙的口才真是好，不过他却把它浪费在了骂人上。要是他真正地和自己来一场辩论，说不定自己都说不过他呢！想到这里，富兰克林只能无奈地叹了口气。

听证会结束后，富兰克林显得更镇定了。他过去一直努力想要维护英国的领土完整，做了很多卓有成效的工作，可最后换来的竟然是政府的无情谩骂。这让他不得不思考起继续效忠英国到底值不值得。

成长加油站

以前，富兰克林对英国政府是忠心耿耿的，可政府的做法让他心灰意冷，最终开始静下心来思考自己之前为政府做的那些事是否是值得的。

小朋友，在成长过程中，我们千万不能伤害身边的朋友，因为他们一旦对你失去了信任，你就很难再同他们和好如初了。要知道，在你的成长道路上，少不了朋友的帮忙，只有与朋友们搞好关系，你才可以从中获益，不断让自己得到进步。

延伸思考

1. 富兰克林为什么不让其他官员声张信中的秘密？

2. 从富兰克林对韦德伯恩副检察长的评价中，我们可以看出什么？

第二十章　为自由而战

富兰克林带着复杂的心情离开了英国，在返回美洲的船上，随着海浪的起伏，他回忆了自己多年来为英国政府做出的贡献，又回忆了英国对北美大陆人民的无情剥削。到现在，英国士兵当街射杀平民的画面还清晰地印在他的脑海里。他感慨万千，终于决定站到人民那边去，不再对英国政府俯首称臣了。

1775年3月，富兰克林回到了美洲大陆，就在一个月后的4月19日，在马萨诸塞州一个名叫莱克星顿的小镇上，一声枪响划破了往日的寂静。那些平时饱受英国政府压迫、摧残的人们拿起了枪，成为了革命者。他们袭击了一队企图摸进镇子里的英国轻步兵，打死打伤英军247人。

莱克星顿的枪声迅速传遍了美洲大陆；革命者取得的胜利极大地鼓舞了其他地区受压迫的人们。人们纷纷拿起枪，加入到争取国家独立的革命队伍当中来。震惊世界的美国独立战争就这样爆发了。

听说全美洲大陆的人民都开始反抗英国的统治了，富兰

克林既激动又兴奋。1775年5月5日，富兰克林回到了费城。这时，英国政府已经下令逮捕他，城里贴满了通缉他的告示。在这种情况下，他毫不犹豫地加入到了革命的队伍中。

见德高望重的富兰克林投身革命了，费城一些比较胆小的人很受鼓舞，他们抛掉了心中的顾虑，纷纷拿起枪，冲上前线。

随着战争的进行，革命组织相继成立了好几个委员会。每成立一个委员会，富兰克林就主动加入并成为了其中的委员。人们尊敬他，信任他，把他当做主心骨。只要有他在，大家遇到困难时就不会慌乱。

进行一场战争是要花不少钱的，战士们不仅需要武器和弹药，还要吃饱肚子，穿上像样的衣服。可那时，英国已经切断了所有海上通道，将美洲大陆封锁了起来。战士们所处的环境条件异常艰苦，他们衣衫褴褛，有的人甚至连鞋都没有，比乞丐还惨。

这时，富兰克林站了出来，将自己从前攒下的很多钱都捐了出来。受到他的感召，其他家庭状况稍好一些的人也纷纷解囊相助。很快，战士们手里就有了充足的武器和弹药，每天都能吃得饱饱的，战斗力也有了很大的提高。

另外，富兰克林还特别强调情报的重要性，他深知不了解对手，就无法战胜对手。为此，他让很多战士打扮成平民的样子，在英国人面前假装顺民，伺机刺探有价值的军事

情报。

但战争毕竟是艰难的，由于面临的对手太过强大，起义军每打一场仗，就会有很大的伤亡。富兰克林总是跟着军队行进，自然也免不了要吃些苦头。

一次，他们被英国军队围困在了一处山林里，先后尝试了几次，都没能突出包围圈。这可怎么办呢？士兵们都很着急，有些人甚至出现了悲观的情绪，觉得今天就要葬身在这里了。

富兰克林心想：绝不能让这种消极的思想在军队中蔓延开，否则必然会扰乱军心，影响战斗力。他没有责怪任何人，而是慢慢站起身来，热情洋溢、慷慨激昂地对大家说："战士们，请不要悲观，不要绝望，我们现在做的事情是人类历史上最伟大的事情，有无数正在受压迫的人们等着我们去解救。我们是为自由而战的勇士，不是一群乌合之众。战士们，拿起你们手中的武器，守好自己的阵地吧！斗争中难免会遇到挫折和困难，但任何困难都压不倒我们！"

战争中的富兰克林

听了富兰克林的话，战士们一下子打起了精神，欢呼地大喊："胜利属于我们！为自由而战！"悲伤、负面的情绪被一扫而光，取而代之的是战士们愉快的心情和脸上那灿烂的笑容。

成长加油站

美国独立战争爆发后，德高望重的富兰克林被大家当成领袖。为了争取自由，让人们不再受压迫，他做出了很大的贡献。并且，在身处逆境时，他还鼓励战士们不要悲观，要坚决为自由而战。

小朋友，当我们在做一件正确的事情时，一定要坚定信念，悲观的情绪只会让我们越来越绝望，所以只要有一丝希望，我们都应该坚持下去。

延伸思考

1. 是什么促使富兰克林义无反顾地加入到了起义军的行当中？

2. 在战争期间，富兰克林做了哪些力所能及的事情？

第二十一章　参与起草《独立宣言》

随着独立战争的进行，各个殖民地都如火如荼地开展了反抗英国政府压迫的运动。这时的人们虽然只知道反抗压迫，却不知道接下来要做什么。他们缺少的是一份指导纲领。

其实，早在战争爆发前，就有一些人意识到了指导纲领的重要性，富兰克林就是这些人当中的一员。没有指导纲领，人们就不能“名正言顺”地开展各项反抗活动。

那时，在主张制定指导纲领的人中，除了长期生活在宾夕法尼亚州的富兰克林以外，比较著名的还有马萨诸塞州的约翰·亚当斯、弗吉尼亚州的托马斯·杰斐逊、纽约州的罗伯特·李文斯顿和康涅狄格州的罗杰·谢尔曼。1776年6月，志同道合的五个人成立了一个专门负责起草指导纲领的委员会。

五个人中，年龄最大、从政时间最长的是富兰克林。正因如此，其他四人对他都很尊敬，讨论问题的时候，总是最先征求他的意见。但富兰克林并没有因为自己的丰富的履历就倚老卖老，他主张委员会里人人平等，谁的建议好就听谁的。毫无疑问，这对委员会起草指导纲领来说，具有非常积极的意义。

委员会成立后，摆在大家眼前的第一个问题就是这份指导纲领应该叫什么名字。经过一番讨论，五个人一致认为《独立宣言》最为合适。就这样，《独立宣言》作为纲领的名称被确定了下来。

之后，五个人就开始了“独立宣言”的起草工作。年轻的杰斐逊是个很有作为的政治家，他的文笔非常好，对美洲大陆人们的生活情况了解得也最为深刻、透彻。富兰克林建议由杰斐逊来起草“独立宣言”的初稿，其他人负责修订、校对。大家都接受了这位德高望重的老人给出的建议。

富兰克林果然没有看错人，没过多久，杰斐逊就写好了初稿。这篇稿子的条理很清晰，共分为四个部分，分别阐述了宣言的目的、美洲大陆的政治体制、英国对美洲大陆人民的压迫和将独立后的国家命名为美利坚合众国。

约翰·亚当斯画像

其余四人看过这份初

稿后，都觉得里面的内容写得很全面，让人读了之后从心底感到振奋。不过，细致严谨的富兰克林还是发现了其中的一些问题。比如，在表述真理的时候，杰斐逊使用的定语是“神圣和不容否定的”，富兰克林觉得这不够确切，建议修改为“我们认为这是不言自明的真理”。类似的建议多达48处。这些建议提出后，杰斐逊马上采纳了，他从中领略到了富兰克林字斟句酌的严谨作风，不禁对这位前辈更加景仰。

当然，亚当斯也在征求富兰克林的意见后，指出了初稿中存在的几处问题。对于这些，杰斐逊都虚心接受，立即动笔修改。等稿件修改好，几个人反复校对，确定所有的问题都被修正后，才决定将它公开。

1776年6月28日，委员会将《独立宣言》的改稿带到了大陆会议上，对各州的代表公开，希望再征求一下他们的意见。果然，有些代表发现文中还是有个别处表述得不够确切。对于他们提出的每条意见，委员会的五个人都认真研究。最终，在大家的共同努力下，《独立宣言》终于定稿了。

1776年7月4日，在第二次大陆会议上，《独立宣言》获得了通过，共有56名代表在宣言上签了字，人们的反抗斗争终于有了指导纲领。此时，一个全新的国家——美利坚合众国从此诞生了。

成长加油站

在起草《独立宣言》的过程中，富兰克林和其他四位政治家通力合作，以最严谨的态度，逐字逐句地对稿件进行修改，使它更完善，更能表达人们的心声。

在成长过程中，我们也经常会遇到需要谨慎处理的问题。这时，我们一定要像富兰克林他们那样认真、仔细，并多听取其他人的意见，这样才能更好地解决问题。

延伸思考

1. 《独立宣言》是在什么背景下起草出来的？

2. 在起草《独立宣言》过程中，为什么要反复地修改和校对？

第二十二章　出使法国

《独立宣言》通过后，一个全新的国家在战火中诞生了。那时，虽然全体美国人民有了精神上的寄托，但现实仍然是残酷的。为了镇压起义，将这个新生的国家扼杀在摇篮里，英国加派了数万名士兵来到美洲大陆，还对美国施行了更严厉的制裁和封锁。

英军加派的这些士兵都是从全国的精锐部队里抽调出的战斗精英，每个人都有丰富的实战经验，战斗力极强。反过来看看由乔治·华盛顿领导的美国起义军的战士们，尽管意志坚定，作战勇猛，但无论在人员素质还是在武器装备方面都与英军存在着巨大的差距。双方交战后，结果可想而知。

这么下去可不行。参与大陆会议的代表们都建议应该向国外求援。最后，大家一致同意向与英国不和的法国求援。那么，派谁去出使法国呢？毫无疑问，富有外交经验的富兰克林成为了大家心目当中的不二人选。

尽管这时富兰克林已经70岁了，身体也并不是很好，但在大家的强烈推荐下，他还是担当了到法国求援的重任。为了减少在战场上拼杀的战士的危险，富兰克林不顾大家的劝阻，当天就动身，登上了前往法国的船。

这一次出行充满了危险，因为英国海军已经封锁了美国周边的海域，富兰克林的船必须趁着敌军巡逻的间隙冲出去，才能到法国去求援。

那时，英国的战舰造得非常大，在大海上航行的时候，人们很远就能看见它们那雄伟的身影。相比之下，富兰克林乘坐的船就比英国战舰小得多了，人们要想在茫茫大海中发现它就会很困难。这在无形之中给富兰克林带来了很大的优势，让他乘坐的船可以在被英国战舰发现之前灵活躲避游弋。

经过一段提心吊胆的航行后，富兰克林终于冲出了英国海军的封锁线。之后，小船一路快航，冒着风浪，直奔法国驶去。

这时，富兰克林静下心来，开始思考到法国之后该怎么向人家开口。毕竟现在是自己有求于人，如何才能说服法国救援我们呢?

经过认真思考后，富兰克林认为有三件事是必须要做的，首先是向法国购买武器装备，让起义军战士拥有和英军正面对抗的资本；其次是请法国派一些军事顾问到美国，帮助美国训练士兵，提高战斗力；再次就是尽可能劝说法国出兵进攻英国。这么一来，英国就不能全力对付美国，美国获胜的概率就会大大提高了。

不久后，船抵达了法国，富兰克林又乘马车来到了巴黎。和他想象中的不一样，法国人对他非常热情，按照最高的外交礼仪接待了他。原来，在他当年提出“电荷守恒定律”并发明避雷针后，他就已经名扬全欧洲。人们不仅把他看成是一个政治家、外交家，还把他看成是一个伟大的科学家。一些富有的法国人甚至用他的画像来装饰自己的画廊，表达对他的尊敬。

那时，法国政府中有很多官员甚至说：“能和富兰克林见一面是我这辈子最大的荣幸。”可见他在法国的影响力之大。

来到巴黎的第一天，富兰克林就受到了法国皇室的接见。在会谈中，富兰克林介绍了美国现在的处境，以及英国增派军队到美国镇压革命的情况。

法国领导人听后十分愤怒，大骂英国人不讲道德，不守底线。见此情景，富兰克林马上提出了请求法国出兵攻打英国的想法，正在气头上的法国领导人爽快地答应了。事实上，法国与英国有矛盾也不是一天两天了，皇室的人认为总拖下去也不是办法，加上富兰克林对英国的控诉，他们认为是时候把这个问题解决了。

18世纪的法国巴黎

不过，法国人也清楚英国的强大，单凭自

己的力量恐怕不容易取胜。想来想去，他们决定联合同样与英国矛盾重重的西班牙、荷兰一起出兵进攻英国，这样胜算就大多了。

法国加入战争后，英国不得不两线作战，这让他们不能集中全部精锐力量来镇压美国的起义军。英国非常恼火，觉得法国是在他们背后捅刀子。后来，英国听说富兰克林在法国担任大使，法国出兵的事自然和他脱不了干系，不由对他恨之入骨。

成功说服法国出兵后，富兰克林心里最大的一块石头落了下来。接下来的事就容易多了，他向法国政府提出了购买武器和派军事顾问到美国去帮助训练士兵的请求，法国政府都爽快地答应了。

就这样，一大批法国制造的先进武器被运到了美国，战士们有了像样的武器，终于可以和英国人硬碰硬地打一场了。随后，法国的军事顾问也抵达了美国，帮美国训练起了士兵。

大陆军总司令乔治·华盛顿非常感激富兰克林，总是在将士们面前赞赏富兰克林为美国起义军做出的贡献。本来富兰克林在军中就有很高的威望，听总司令这么一说，将士们对这位拯救了美国的伟人更加尊敬了。确实，要不是富兰克林在法国积极游说，英国军队恐怕早就占领美国全境了。

1778年2月，富兰克林代表美国与法国签订了同盟条约。从此，美法两国成了坚定的盟友，共同打击气焰嚣张的英军。

法国也正式承认了美国，让美国有了立足于世界的资本。

成长加油站

富兰克林到法国出访后，成功劝说法国出兵参战，还为美国起义军争取到了先进的武器装备和法国军事顾问的帮助，对推动美国走向胜利做出了巨大的贡献。

当然，富兰克林在法国的成功与他早已名扬全欧洲不无关联，人们景仰他、尊敬他，自然愿意帮助他。可见，有时一件事的成功是很多原因共同作用的结果。小朋友，你明白了吗？

延伸思考

1. 人们为什么认为富兰克林是出使法国的不二人选？

2. 富兰克林是如何让法国同意援助美国的？

第二十三章　发明双聚焦眼镜

1780年，已经74岁的富兰克林渐渐感到自己的视力出了问题。他的眼里开始变得模糊不清，甚至会有重影现象。而且，更可怕的是，他的两只眼睛情况截然相反，一只近视，一只远视，这可是非常少见的，他几乎没有遇到过任何情况类似的人。

平时，富兰克林想要看远处的东西时，只好把那只近视的眼睛闭上，以免相互干扰；看近处的东西时，则需要把远视眼闭上，非常麻烦。而且即便是这样，他的视力也比年轻时下降了很多，有时根本看不清东西。

一次，他在准备起草一份文件时，发现自己随手一拿，就将两支一模一样的笔拿了起来。可手里传来的感觉却告诉他只有一支笔在他的手里。他把笔拿近一看，可不是只有一支笔嘛！从那以后，他就准备了一副眼镜，不过这副眼镜的效果非常不理想，戴上后不仅对视觉没有什么改善，反而弄得他头晕目眩，总之，戴了还不如不戴。

“我不能再让眼睛继续欺骗自己了！”富兰克林知道自己的眼睛已经不能再像以前那样灵活地聚焦了，这是他这个年纪的人的通病。这本来没什么可大惊小怪的，其他人在自

己老眼昏花时，都会选择默默地接受现实，可一向要强的富兰克林却无论如何也不会坐以待毙。既然不能让眼睛变年轻，那就试着让科学来帮助自己吧。

“看来我得向光学领域进军了。”富兰克林自言自语地说。他是个雷厉风行的人，做事不喜欢拖拖拉拉，即便老了也是如此。

他始终坚信科学是最好的武器，可以战胜一切敌人。于是便从图书馆找了很多光学方面的书籍，认真阅读起来，希望可以得到某种启发。

这段时间，富兰克林重点研究的对象是眼镜。大家都知道，普通的眼镜镜片上只有一个焦点，这对于普通的老年人来说足够用了。但富兰克林的情况特殊，一个焦点根本不够用。

“既然这样的话，我能不能研制出一种拥有两个焦点的镜片呢？”富兰克林对自己说道。显然，这时他已经找到了解决问题的办法。

想法虽然好，但两个焦点应该怎样分布在镜片上呢？总不能重合在一起吧？再说这种镜片该如何加工出来呢？为此，富兰克林展开了积极的研究。那段时间，他白天在政府工作，闲暇时就开始思考起镜片的设计问题。下班后，他就马上回到家里，一心一意地展开研究。

富兰克林在纸上画来画去，经过反复的修改，最终设计出一种分为上下两部分的镜片。这种镜片的上半部分和一般的近视镜没什么区别，可以让人看清远处的东西；可镜片的下半部分焦距却变了，也可以说是矫正视力的度数降低了，甚至完全没有了。他这么设计镜片，主要是考虑到自己平时看书的时候，大多是低着头的，因此，他才将没有度数的那部分放在了下面。当然，为了解决看东西重影的问题，他还想办法让镜片的焦点变得更精准。

完成设计后，富兰克林将自己的设计方案带到了当地一家光学镜片加工厂，那里的负责人一看这种全新的镜片设计，感到非常不可思议，疑惑地问："您确定这种眼镜会有人戴吗？"

"当然了，我的眼睛就很适合戴这种眼镜。"富兰克林说道。不过，单独加工一副另类的镜片可是要花不少钱的，因为它无法通过大批量生产来降低成本。不过，既然这是富兰克林已经认定的事情，就算花钱也要做成功。

镜片厂负责人将富兰克林的设计方案交给工人们后，大家起初也感到手足无措。因为在那个年代，技术还比较落后，人们还没办法在一个镜片上加工出两个焦点。为了解决这个问题，经验丰富的工人尝试了很多种方法，最终，他们将两个焦点不同的镜片叠在了一起，总算成功了。就这样，拥有两个焦点的双聚焦镜片诞生了。

双聚焦镜片看上去和普通眼镜片很不一样，它的下半部有个月牙形的坑，那就是叠加上的另一层镜片。富兰克林马上把它们安装到了眼镜架上，戴上观察效果怎么样。

正如他在设计时考虑到的那样，这副眼镜用起来很方便，无论是远处还是近处的东西都可以看得很清楚。虽然近视和远视切

换起来很突然，但总算有了适合他的眼镜，他对此感到很满意。

不久后，富兰克林把自己研究双聚焦眼镜时的资料整理出来，介绍了它的光学原理、设计样式和加工方法，之后将这些资料公开出来。

一些眼疾患者看过富兰克林的资料后，都认为终于等来了福音。直到这时，富兰克林才发现情况和他类似的人竟然有这么多，禁不住感叹地说道："看来我又做了一件大好事。"

成长加油站

富兰克林总是不愿向残酷的现实低头，总是积极面对人生中的各种挑战。即使在年老之时，他也是如此。正是这种坚定的意志促使他发明了双聚焦眼镜，让他的眼睛再次变得清晰了起来。

在成长过程中，我们也会遇到很多困难，经历很多挫折。这就要求我们要像富兰克林那样，始终保持一颗积极面对挑战的心。在困难面前，我们不试一试怎么知道自己不能取得成功呢？

延伸思考

1. 富兰克林为什么要研究双聚焦眼镜？

2. 相对于普通眼镜片来说，双聚焦眼镜片具有哪些特点？

第二十四章　签署《巴黎和约》

转眼间，美国独立战争爆发已经到了第七个年头。无论是美国、英国还是法国，都在战争中遭受了巨大的损失，人们迫切地希望尽快结束这场战争，重新过上安定的生活。

在大势所趋下，1782年4月，在法国首都巴黎，富兰克林、亚当斯等几人代表美国开始和英国展开谈判，为战争尽早结束日夜操劳着。他们的目的很明确，就是既要停止战争，还要让英国正式承认美国独立。

但是，就在大家朝着和平的方向步步迈进时，西班牙人却跑出来唱反调。为了从英国人手里抢夺直布罗陀，他们不顾其他国家人民的意愿，坚持要将战争进行到底。另外，他们还主张只让美国获得阿巴拉契亚山脉以东的一小块地区，这与美国人民想要将13个州独立出去的意愿背道而驰。

西班牙人的坚持让富兰克林他们认识到必须让这个特立独行的家伙消停下来。同时，他们看到了谈判对美国有利的一面。只要能够帮英国解决掉西班牙这个麻烦，切断他们与法国的联系，就能迫使英国在谈判桌上做出让步，让事情朝着有利于美国的方向发展。

果然，在富兰克林他们向英国提出美国愿意切断西班牙与法国的联系后，心浮气躁的英国人像是抓住救命稻草一般，马上就同意了。而美国也兑现承诺，帮英国人解决了西班牙问题。

通过不断谈判，英国人也意识到，继续这样下去的话，自己不但不能得到任何好处，还会与全欧洲的国家闹翻。为了尽可能多地与谈判对手交流，英国代表经常来拜访德高望重的富兰克林。

一天，英国代表说道："我们的首相认为，英国和美国之间不应该只有战争，还可以有其他方面的合作。"

听了这句话，富兰克林就知道往日趾高气扬的英国人打算做出妥协了。他当即回答说："是的，我们也是这么认为的。在经济领域，美国和英国有很多合作的地方，何必整天打来打去的呢？不过这一切的前提是美国必须要得到英国的承认，不然还谈什么合作呢？"

事实上，英国人也早就有了与美国进行贸易往来的打算，只是一直放不下面子，说不出口。见富兰克林给了他们一个台阶下，他们赶紧顺着往下走。"嗯，这真是个好提议，我想这种经济合作的前途将会是一片光明的。"

之后的日子里，谈判仍然在进行着。不过随着时间的推移，在富兰克林他们的影响下，英国人对美国的态度发生了很大的转变。他们不再成天喊打喊杀，威胁继续增兵镇压美洲大陆了，而是心平气和地坐下来，与美国人谈起了划界和经贸问题。

不过，英国人也并没有多么慷慨，即使快到了山穷水尽的地步，他们仍然想要尽可能地避免让美洲13个州都独立，以

富兰克林与代表们签署《巴黎和约》

便在美洲大陆获取更大的利益。这时，作为谈判代表的富兰克林据理力争，拿出了很多论据来说明13个州全部独立后，对英国只有好处，没有坏处。最终，英国代表被富兰克林说得无言以对，请示过伦敦后，终于同意了将13个州都划给美国，并承认它们独立。

这场旷日持久的谈判进行了一年半，1783年9月3日，富兰克林、亚当斯等几位美国代表和英国代表在法国巴黎的德约克酒店签署了代表着谈判成果的《巴黎和约》。从此，英国正式承认美国独立。富兰克林再次成为美国人民心目中的大英雄。

成长加油站

外交谈判是最能考验外交官各方面能力的活动。在美英两国的谈判过程中，富兰克林以他聪明的头脑、长远的目光、远大的战略设想以及他的个人魅力征服了英国人，为美国获得英国的承认做出了巨大的贡献。

小朋友们，通过富兰克林的这段经历，我们可以看出有时成功是很多方面共同作用的结果。正因如此，我们要全面、均衡地发展，多涉猎一些领域，也许这些以后就会助你登上成功的舞台呢。

第二十五章　当选宾州州长

1785年，79岁的富兰克林离开法国，回到了阔别已久的美国。当他到达美国海岸时，港口上已经围满了成千上万的人们，他们都是来迎接富兰克林这位美国人民心目中的大英雄的。没有人组织大家到这里来，所有人都是自愿来迎接富兰克林的。

船缓缓驶入了港口，望着栈桥上热情欢迎自己的人们，富兰克林不停地挥手致意。这时，可能没有人注意到，他的眼角湿润了起来，激动的泪水顺着脸上的皱纹不住地流了下来。

不一会儿，船就稳稳地靠在了码头边。富兰克林从舷梯上缓步走下来，每走一步，就能听到人们的欢呼声更大了一些。在人们的簇拥下，年老的富兰克林慢慢地走着。他不停朝着人群挥手，当听到大家都把他称作英雄时，他又显得有些不好意思。

不久后，富兰克林回到了宾夕法尼亚州的费城。这里的情况和他刚下船时一样，大街小巷到处都挤满了前来欢迎他的人们。人们高举着富兰克林的画像，一遍又一遍地齐声高喊：“富兰克林，美国的英雄！”

现在，美国已经得到了英国的承认，作为一个全新的国家

自信地站在了世界舞台上。而美国独立战争发源地之一的宾夕法尼亚州还没有一个堪当大任的州长。富兰克林回来后，人们的目光立刻就转移到了他的身上，希望他能参加年内的州长竞选并成为新的州长。

本来，富兰克林也有回国后继续施展政治抱负的打算，他还想在自己人生的最后一段时间尽可能多地为国家做一些事情。眼看大家都推举他出来竞选州长，他也就顺水推舟，表示同意参选。

那时，参与竞选宾夕法尼亚州州长的还有很多人，可好几人在听说富兰克林也要参选时，就主动退出了。他们清楚地认识到，富兰克林参选的话，他们不仅没有任何胜算，还会败得很惨。与其遭遇败选，不如提前退出，这样面子上还能好看些。

他们在退选时，也奉劝其他有意继续参选的人尽早退出，以免到时自讨没趣。在他们的呼吁下，又有几人明智地退出了选举。这时，参与竞选的只剩下富兰克林和另外两个人了。

终于，投票的日子到了，人们纷纷走到街头上的各个投票点，将票投给自己心目中的州长。一切结束之后，州议会在计票时发现几乎所有人都将票投给了富兰克林。就这样，富兰克林以压倒性的优势，众望所归地当选为了新一任宾夕法尼亚州州长。

几天后，富兰克林正式上任。有人建议在议会里为他搞一个隆重的就任仪式，结果被他否决了。他说："我上任做

州长是为了让宾夕法尼亚人民过上更好的生活，不是出来摆排场的。”听了他的这句话，在场的人无不对他仰慕至极。

州议会里有一些年轻人，他们虽然总听人们提起富兰克林，但之前从没见过他。富兰克林当选后，这些年轻人做的第一件事就是赶紧找他去签个名，并把签名珍藏起来，当做自己一生的荣誉勋章那样看待。

上任后不久，富兰克林就发现宾州的一些治理措施并不科学。比如，宾州和临近的其他州之间的贸易往来还不够密切，长久下去的话，就会影响到宾州的经济发展。为了拿出更好的解决方案，他每天都召集大家开会讨论。晚上回到家里，他也暂时顾不上科学研究了，而是继续工作到深夜。就任州长以来，他几乎没有在夜里12点之前睡过觉。

对于一个快80岁的老人来说，这样辛苦的工作身体一定吃不消。很多官员劝他多多休息，不要什么事情都亲力亲为，有些事可以交给年轻人去做。每当这时，他就会说：“我年纪大就代表我经验丰富，他们年轻就说明他们还不够成熟。把整个宾州人民的未来交到一些不成熟的人手里，我怎么能放心呢？”

就这样，在富兰克林的治理下，宾夕法尼亚州的各项事业都蓬勃发展了起来。特别是在经济方面，因为加强了与其他州的贸易往来，使得来自美国各地的商品都可以在宾州的商店里买到。人们的生活开始变得丰富多彩起来，每个人都对这些变化有着切身的体会。

富兰克林让宾夕法尼亚州人民过上了好日子，大家比以前更拥护他了。看到宾州的一切都步入了正轨，蒸蒸日上，富兰克林感到很欣慰。这时，他终于可以有一些可供自己支配的业余时间了。

1787年，富兰克林已经81岁了。这时的他尽管有些行动不便，但仍然坚持读书，不断丰富自己的学识。在当时，富兰克林被宾州人民视为活到老学到老的典范，在他的感召下，大家都以读书学习为荣。特别是上了年纪的老人们，他们也重新拿起书本，开始像学生那样孜孜不倦地学了起来。很多老人以前从没读过书，此时发现读书的乐趣后，都后悔年轻时没把学习当回事。

一天，富兰克林结束工作后，带着他那副双聚焦眼镜，来到了州议会的图书馆。这里藏有各种类型的书籍，是政府里最吸引他的地方。但是，很多书架很高，要想将放在顶层的书拿下来，必须得使用梯子。

或许对于年轻人来说，这根本算不上什么严重的问题。可富兰克林已经80多岁了，不可能再像年轻人那样利索地用梯子上上下下了。能不能研制一种用于高书架的取书器呢？富兰克林这样想着。

回到家里，富兰克林马上动手在纸上画了起来，没过多久，高架取书器就被设计出来了。相对之前的那些伟大发明，这个小发明并不复杂，它只是将以前固定的书架改装了一下，让书架的上层可以通过摇动手柄的方式降下来，这样

就可以拿到上面的书了。

之后，富兰克林马上带着自己的设计图来到了图书馆，现场指挥大家把所有的书架都改装了一番。经过这番改造，大家取书的时候，再也不用搬着沉重的梯子走来走去了。议会里的人们都很赞赏他的取书器，这也是他一生中的最后一项发明。

成长加油站

富兰克林的年纪尽管已经很大了，回到美国后，他仍然坚持竞选宾夕法尼亚州州长，继续为国效力。在他的治理下，宾州得到了很大的发展，人民也过上了美好的生活。

毫无疑问，只有对国家无限热爱的人才能真正放下自己的一切，一心一意地投入到振兴国家的伟大事业当中去。小朋友，我们也应该像富兰克林那样，时刻将国家放在心里最高的位置，这样才是真正的爱国。

延伸思考

1. 人们为什么强烈建议富兰克林竞选宾州州长？

2. 富兰克林上任后，他的敬业精神体现在哪些方面？

第二十六章 参与制定《美国宪法》

1787年，美国已经建国十一年了，可却仍然没有一个可以代表国家最高权威的规章制度出现。在这之前，英国在美洲大陆实行了所谓的“柔性宪法”制度，“宪法”中的内容大多是一些约定俗成的共识，而且这些内容并不是用文本形式记录在案的。

虽然名义上存在宪法，可这份“宪法”的约束力是严重不足的。好多人将它当做儿戏，游走在法律边缘，打着擦边球，拼命为自己牟取不正当利益。这种制度的缺点是显而易见的。

起初，美国国内也有人提出要效仿英国的方式，制定一部“柔性宪法”，但这个提议立马就遭到了很多人的反对。甚至有人说“柔性宪法”就是一个国家堕落的标志。试想，美国刚刚建国不久，怎么可以如此快速地走上一条自甘堕落的不归路呢?

一天，富兰克林接到了一份通知，要他去参加联邦宪法会议。其实，这些年来，富兰克林已经为制定宪法的事情费了不少心思，之前他就好几次呼吁国会尽早组织大家来起草宪法，但都因为种种原因耽搁了下来。眼下，国会终于要开始落实这项工作了，他的心情非常激动。

在会场上，富兰克林一针见血地指出，决不能走英国人那条老路。他主张将宪法写成明确的法律条文，以文本的形式记录在案。文本最大的好处就是可以任意复制、印刷，这样就能让更多的人了解到国家的宪法，对提高人们的法律意识，具有非常积极的意义。

德高望重的富兰克林一开口，会场里立刻出现了一呼百应的阵势。大家都一致同意将宪法制定成文本的形式。这样就解决了首要的形式问题，接下来的任务就是起草宪法中的内容了。

人们觉得，宪法中首先要确定的就是政府的体制问题。当时，绝大多数人都支持在美国建立一个掌握实权的、不可撼动的中央政府。原因很简单，因为凡是世界上强大的国家，几乎都是这种政府体制。

可是在这个问题上，富兰克林与大陆军总司令华盛顿却有着不同的看法，他们认为国家的权力不能只掌握在少数人手里，应该建立一个分权且受到一定制衡的政府，这样可以及时纠正一些政策上的错误，让更多人拥有提出看法的权力。实际上，在提出这个建议之前，富兰克林已经在组建什么样的政府这个问题上费了很多心思。年龄和阅历的不断增长让富兰克林变得越来越谨慎起来。对于

1787年通过的《美国宪法》

没有想好的事情，他是不会轻易开口的。

另外，还有人提出要建立一个让民众信得过的政府，但没有指出到底怎样做才能让大家信得过。这时，富兰克林站出来说：“其实我很同意这位代表说的，建立一个值得信任的政府。我和华盛顿将军提议的分权政府就是这种政府，大家还是考虑一下这个提议吧！”

可是富兰克林话音刚落，会场上就响起了不和谐的声音：“我们要建立一个君主立宪政府，还要选出一位国王！国王万岁！”此言一出，会场上顿时一片寂静。大家都不敢相信在这个自由民主的国度里，竟然还会有人公开支持封建主义。显然，这种人是不受欢迎的，他立刻被请出了会场。不过，直到这时，那个人还在顽固地喊着：“国王万岁！”弄得大家哭笑不得。

之后，富兰克林详细地为大家介绍了分权政府建立后如何行使职能。大家积极抛出各种问题，富兰克林都回答得滴水不漏。

最终，大多数人都对富兰克林的提议心服口服，不再有任何异议。经过举手表决，大家将政府的形式确定为分权政府，随后就被写入了宪法当中。

确定了政府的体制，就等于有了起草宪法的指导纲领，所有的问题就都迎刃而解了。没过多久，在大家的共同努力下，一部完整的宪法终于被制定了出来。宪法中明确了自身的法律地位、阐述了国家领导人和各个部门的权力职能，还为以后的宪法修订留足了空间。

1787年9月17日，在宪法制定会议中，39位代表共同签署了《美国宪法》。也就是在这一天，世界上第一部真正意义上的资产阶级宪法诞生了。

富兰克林深情地说：“尽管还有很多遗憾，但我已经想象不出比这更好的宪法该长成什么样了。”同样，新宪法的诞生让他对未来的美国充满信心，他将新宪法比喻成一轮冉冉升起的旭日，象征着今后的美国将会在它的照耀下蒸蒸日上，成为世界强国。

在制定宪法时，富兰克林已经是一位80多岁的老人了，可他仍然在为国家的未来而不停操劳着。这种忘我的爱国精神值得我们每个人尊敬和学习。

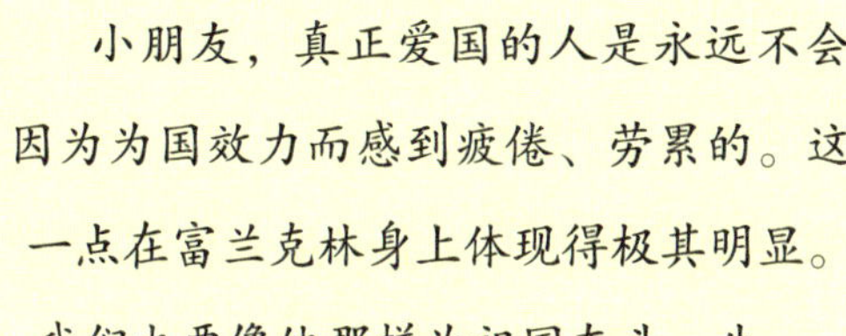

小朋友，真正爱国的人是永远不会因为为国效力而感到疲倦、劳累的。这一点在富兰克林身上体现得极其明显。我们也要像他那样为祖国奋斗一生。

1. 英国的“柔性宪法”给国家带来了哪些负面影响？

2. 为制定《美国宪法》，富兰克林提出了哪些建议？

第二十七章　伟人离世

1788年，82岁的富兰克林感到自己的身体每况愈下，连走路也非常吃力了。这时，他对自己说："现在是我结束政治生涯的时候了。"于是，他向国会提交了辞职信，辞去了一切职务。其实，这么多年来，大家早就把他当成了国会里的主心骨，他这一走，让人心里很不踏实。可他却对大家说："你们迟早要独立去解决问题的，我早走一天，你们就多锻炼一天，到时就能更好地面对一切困难了，这又有什么不好呢？"

富兰克林虽然离开了国会，但并没有过上无官一身轻的日子。相反，他虽然不再政府里当职了，却在家当起了差。因为身体越来越差，他也就懒得到处走动了，每天把自己关在屋子里，脑子里思考着国家今后的发展方向。

在人生的最后一段日子里，富兰克林关心起了当时残酷的奴隶贸易。那时，殖民者们无情地从非洲买来大量的奴隶，他们不是在船上生病而死，就是在繁重的劳作中累死。当时在美国，奴隶贸易也很猖獗。1789年，富兰克林呼吁政

100美元上的富兰克林头像

府尽快出台一项法令，制止一切形式的奴隶贸易行为。

正如他以前说过的那样，自己虽然老了，可心却不老，头脑里的思路还很清晰。没过多久，一篇名叫《关于奴隶贸易》的文章就写好了。在这篇文章中，他几乎用了所有的篇幅来控诉那些奴隶贸易者的罪行，不惜使用任何严正的措辞。

到了1790年3月，富兰克林感到下地活动变得非常困难了，连抬起胳膊仿佛都需要使上千斤之力那般艰难。这时，他意识到自己的生命就快走到尽头了。他变得坦然了起来，回想起自己这一辈子取得的研究成果、发明创造以及为美国独立做出的贡献，他感到很满足。毕竟，一个人在有限的一生中，能够取得这么多成就真是极其罕见的。

1790年4月17日，富兰克林安详地离开了这个世界。美国上下陷入了一片悲痛之中，人们用自己的方式为这位伟人哀悼着。总统华盛顿说："富兰克林的去世是美国最大的损失！"

后来，人们对富兰克林的怀念不仅没有随着岁月的流逝而减淡，反而更加浓烈了。为了纪念这位伟人，从1988年开始，美国政府将富兰克林的头像印在了面值100美元的钞票上。这样一来，人们每天都可以见到富兰克林了，他的头像也在某种意义上成为美国的象征。

成长加油站

富兰克林的一生是辉煌的、伟大的一生，是为美国人民的幸福生活不懈奋斗的一生。一个受人尊敬的伟人，往往都会具有富兰克林这样的品质。小朋友，虽然成为伟人不容易，但我们可以尽量让自己的人生充实起来，做一个对社会有用的人，这也是成就人生辉煌的一种方式。

1. 富兰克林为什么会成为国会议员们心中的主心骨？

2. 富兰克林离开国会后，是否意味着他从此不再关心国家大事了？